JN063380

中小・小規模企業の 再生 事例集

一般社団法人
大阪府中小企業診断協会 編著

銀行研修社

はしがき

　2020年春に発生した、新型コロナウイルス感染症による、いわゆるコロナ禍は、2年を経過した現在も、中小企業・小規模企業経営に大きな影響を及ぼしています。各種金融支援政策のおかげで、今のところ倒産件数は落ちついていますが、返済据置期間終了後の返済資金のめどが立たないばかりか、金融支援で得た資金がすでに底をついている企業も少なくないという厳しい状況です。

　そのような状況にあって、経営者に求められるのは、ウィズコロナそしてポストコロナ時代に向けて、事業を継続し生き残るための「ビジネスモデルの抜本的な見直し」です。自社の強みを活かし、収益性の強化や資金繰りの改善につながる取組みを、いかに見つけ出し、そして実践するかということが、大変重要です。決して容易なことではありませんが、苦境にある経営者の皆さんには、ぜひ、これにチャレンジしていただきたいと思います。

　また、日頃から企業経営者の身近で伴走支援を行う立場にある、金融機関の方々や経営コンサルタントの皆さまにも、ぜひ、平常時以上に経営者に寄り添い、知恵を絞り、一緒に汗をかいていただきたいと願います。

　その際に、過去の経営危機にはどのような取組みがなされたのか、どのように乗り越えてきたのか、これまでの「事業再生」事例を紐解くことは、コロナ禍の経営環境での「ビジネスモデルの抜本的な見直し」についても、大いにヒントになる有益なものではないかと考えます。

　本書は、こうした過去の事例を業種ごとに丁寧に集めた事例集となっています。第1章では、再生支援の重要性やプロセスについて基本的知識を整理し、第2章以下では、様々な業種の実際の事例を具体的に

1

ご紹介しています。各事例は、再生の着眼点、目指す姿、計画の策定と提案のポイントというように、共通の構成で書かれていますので、同業種の事例だけでなく、他業種の事例についても、その着眼点や計画策定の方法、フレームワーク等については、大いに参考になるものと思います。

　また、執筆者は全員が事業再生支援に関わる中小企業診断士であり、（一社）大阪府中小企業診断協会に所属する会員です。各々が、国が定めた唯一のコンサルタント資格である中小企業診断士として、「事業再生」の経験に基づく知見や、コンサルティングノウハウ・スキルを発揮して、各事例を分かりやすく解説しています。

　今回、執筆の機会をいただいたことに感謝申し上げるとともに、本書が、顧客企業の事業再生に直面する金融機関のご担当者や専門家の皆さまのお役に立つことを心から願っています。

2022年4月

一般社団法人大阪府中小企業診断協会

理事長　北口祐規子

目　　次

第1章　中小・小規模企業の再生支援

第2章 サービス業

第3章 卸売業

第6章　建設業

第1章

中小・小規模企業の再生支援

1. 企業再生の意義

(1) 我が国における企業再生の重要性

わが国において、個人事業主を含む中小企業は、企業数で全体の99.7%、従業員数で68.8%を占める（2016年経済センサス活動調査）。そのため、中小企業の経営状況の悪化は日本経済の景気悪化に直結する。コロナ禍が広がる中、国の政策による各種補助金・助成金あるいは緊急融資により、資金繰りに窮する企業は未だ増加はしていないが、今後、緊急融資の返済が始まると、資金繰りに詰まり、破綻に及ぶ企業が増加するものと予想される。そこで、コロナ禍から回復する企業の再生を支援することが、わが国にとって喫緊の課題であるといえる。

また、近時、高齢化が進む我が国にとって大きなテーマとなっている中小企業の事業承継問題も、企業再生と密接なつながりがある。なぜなら、優良企業であれば、親族あるいは社内の従業員が後継者に名乗りをあげたり、スポンサー企業が現れたりする可能性があるが、事業の継続も危うい企業に事業承継を望むことは困難だからである。

(2) 企業再生の歴史

企業再生には2つの枠組みがある。法的整理と私的整理である。整理というのは、債権者と債務者の間で、資産と負債について協議し、その処理を進めることを指す。裁判所へ民事再生法や会社更生法を申請して債務を整理することが法的整理で、それ以外、すなわち裁判所の関与なしに、債権者と債務者で互いの調整を図るのが私的整理である。法定の手続によらないという意味で「任意整理」ともよばれる。

戦後の昭和期においては「企業再生」ではなく、「企業再建」という言葉が一般的であった。代表的な企業再建事例は、法的整理の枠組みを利用したものである。会社更生法を申し立てた企業を、弁護士が

管財人として事業スポンサーとともに再生させた「株式会社吉野家」
（1980年会社更生法申請）や「株式会社大沢商会」（1984年会社更生法申請）の事例が知られている。しかし、法的整理の場合、一般の取引先も巻き込むので、信用が毀損し、商品仕入もできなくなるというリスクがある。一方、通常は金融機関だけが損失を被る私的整理では、金融機関が回収極大化の努力をしていないと金融当局の指導を受けないか、あるいは株主から代表訴訟を起こされないか、さらには税務当局に否認されないか、などのリスクが存在する。従前はこれらのリスクを排除する手立てが講じられなかったため、私的整理が広く行われなかったが、法的整理の仕組みだけでは企業の破綻が増加するばかりで、わが国経済への負の影響が大きいという見地から、国は私的整理の制度、仕組みを整備し、金融機関に対し積極的な利用を勧めるようになった。

　こうした動きのきっかけは、かつてのバブル崩壊による地価下落で金融機関の不良債権が増加したことである。1996年の第136回国会（通称、住専国会）で、バブル崩壊後初めて金融機関の不良債権問題がクローズアップされたが、米国では、すでに1980年代後半、貯蓄貸付組合の危機により不良債権問題が発生し、「企業再生」や「私的整理」に関する多くのノウハウが蓄積されていた。以後、米国では、法的整理申請を待たずして企業再生の早期着手に取り掛かることが、結局は回収の極大化につながると考えられるようになった。この動きが日本にも伝わったのである。

　わが国で「企業再生」という言葉が使われるようになったのは、2002年に「金融機能の再生のための緊急措置に関する法律（以下、「金融再生法」）」が制定され、政府系不良債権回収機関である株式会社整理回収機構（The Resolution and Collection Corporation 以下、「RCC」）に、不良債権回収の手段として、再生機能を持たせるようになってか

らである。同法制定前までのRCCの回収相手は、ノンバンクである
旧住宅金融専門会社の債務者であり、不動産業者が中心で、資産隠し
等で強制執行等を逃れる悪質債務者も多かったことから、担保処分を
中心とした強硬な「回収」一辺倒で事足りた。一方、2000年前後は市
中金融機関が破綻し、それら機関が保有していた中小企業の債務者に
対する債権がRCCへ譲渡されたため、政府は債務者企業の大量倒産
を避けるべく、「再生」によるソフトランディングを図ったのである。

　ただし、法律の名称「金融再生法」から分かるように、政府が念頭
に置く「再生」の直接の対象は、中小企業ではなく、あくまで金融機
関であった。政府が金融機関を再生させるための方策として、金融機
関による取引先企業の再生を推進するという構図である。こういった
政府の「再生」に対する基本姿勢は、2013年の「金融円滑化法」の制
定まで続いた。

　国は、「私的整理」による「企業再生」を促進するため、2003年に
全国の都道府県に中小企業再生支援協議会（2022年4月1日に中小企
業活性化協議会へ組織変更。以下、協議会）を設置したほか、裁判外紛
争解決手続（金融調整の場合には「事業再生ADR」という。2007年4月
制定）の制度を定めた。また、全国銀行協会主導で私的整理の基準を
定めた「私的整理に関するガイドライン」（2001年9月制定。以下、「私
的整理ガイドライン」）、主に中小企業向けに改編された「中小企業の
事業再生等に関するガイドライン」（2022年3月制定。以下、「中小企業
再生ガイドライン」）、さらには保証人の保証債務の整理に関する「経
営者保証に関するガイドライン」（2013年12月制定。以下、「経営者保証
ガイドライン」）などが定められた。

　図表1の破線に囲まれた部分に相当する部分が私的整理である。以
前は、債務免除を得るハ．直接免除、ニ．第二会社方式、ホ．債権売
却、ヘ．M＆Aを実行するためには裁判所に法的整理を申し立てるし

■図表1　企業再生の整理

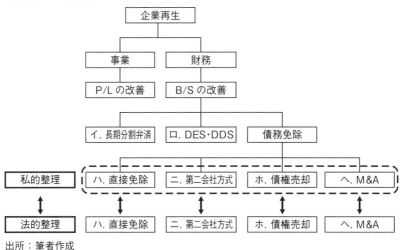

出所：筆者作成

か方法がなかったが、今では、私的整理の制度や仕組みが整えられた
ため、私的整理によるハ．直接免除、ニ．第二会社方式、ホ．債権売
却、ヘ．M＆Aの手続が進められるようになった。

　なお、理論的には、イ．長期分割弁済、ロ．DES・DDSの手続を
進める場合でも、法的整理を申し立てることもあり得るが、法的整理
には時間と費用がかかるので、実際には、債務免除以外でわざわざ法
的整理を申し立てることはない。

（3）金融機関の観点による企業再生

　法的整理、私的整理を問わず、企業を再生させる主体として最初に
あげられるのは企業自身であるが、利害関係者のうち、債権者も企業
を再生させる主体となりうる。そして債権者は、取引業者と金融機関
に大別され、このうち取引業者は当該企業の財務内容を把握すること
が困難であることから、親会社を除けば、企業再生の主体となること

は極めて稀である。その点、金融機関は当該企業の財務内容を把握しており、力関係でも企業に対し優位に立つことが多く、企業再生の主体となりうる。特に私的整理の場合には、債権者である金融機関が前面に出ることになる。その理由は、法的整理では裁判所主導の下、商取引上の債権者（仕入先や、取引業者等）を含めた全ての債権者に平等な負担が強いられるのに対し、私的整理では特別な場合を除き金融債権者だけに債権放棄が求められるからである。したがって、本来は取引先に過ぎない金融債権者が、私的整理では、企業再生に関する決定権を持つ。つまり私的整理の場合には、企業が再生できるかどうかは、金融機関の方針次第ということになる。では、金融機関にとっての企業再生とは、具体的にどのようなことを示すのか、以下で考察する。

　まず、前提として知っておきたいのは、銀行や信用金庫は、銀行法・信用金庫法及び金融再生法に基づき、一定の基準に則って各取引先（貸出先）を格付し、その格付に従って債務者を各区分に分けていることである（図表２参照）。さらに、各取引先に対する債権を、回収の危険度合または価値の毀損の危険度合に応じてⅠ～Ⅳの区分に分類し、適正な償却・引当を行っている。

　この一連の債権分類作業を自己査定という。これにより、適切な引当金が計上されるほか、図表２の「要管理先」以下の企業への貸出債権は「リスク管理債権」として公表される。つまり、「要管理先」以下の債権が、銀行・信用金庫の不良債権として公表されるのである。他の金融機関に比較し「リスク管理債権」が多いと、預金者の信用を失い、最悪の場合、預金が流出し破綻してしまう。そこで、各金融機関とも、「要管理先」以下への貸出債権の削減に努めており、該当する企業は、金融機関の「回収」あるいは「企業再生」の対象先となる。

　したがって、金融機関にとっての「企業再生」とは、「要管理先」以下に査定されている企業の債務者区分を格上げする作業だというこ

■図表2　債務者区分

正常先		業績が良好であり、かつ、財務内容にも特段の問題がない先
要注意先		事実上延滞しているなど履行状況に問題がある債務者、業況が低調ないしは不安定な債務者または財務内容に問題がある債務者
	その他要注意先	「要管理先」以外の「要注意先」
	要管理先	3カ月以上延滞しているか、貸出条件を緩和している債務者
破綻懸念先		経営難の状態にあり、経営改善計画等の進捗状況が芳しくない先
実質破綻先		実質的に経営破綻。例えば、6カ月以上返済を延滞している先
破綻先		法的・形式的な経営破綻の事実が発生している債務者

出所：「金融検査マニュアル」を基に筆者作成

とができる。この点を踏まえ、本章では、「『企業再生』とは、困窮状態にあり金融庁の定義における『要管理先』以下と区分された企業を、『正常先』あるいは『その他要注意先』と判定される状態になるまで格上げする作業のことである」と定義する。

　なお、中小企業の自己査定については、「代表者との一体性」や「技術力や販売力成長の具体性」と「経営改善計画等の作成」を行うことで、格付の維持や上昇の可能性がある。しかし、代表者に資力があることと、債務者企業の業績とは区別して認識する必要がある。また、いざ回収する段になると、代表者や一族の資産・負債と収入は、会社の業績の悪化により、見込みより毀損が大きい状況にあるのが通例であることには注意しておきたい。

　こうした自己査定の実務を細かく規定していた金融検査マニュアル

は廃止されたが、格付に対する基本的な考え方は変わらない。自己査定の方法を金融機関にとって都合の良いように恣意的に変更することも可能と言えるが、やめたほうがよい。後々、辻褄が合わなくなったり、行動を縛られたりすることになりかねないからだ。

（4）企業再生の対象

　企業再生の対象となる企業には、当たり前だが、再生の可能性がなければならない。

　まず、当面の資金繰りが確保できていることが必要条件である。法人全体の営業利益が赤字でも構わないが、たとえ一部の事業だけでもよいから、少なくともキャッシュ・フロー（以下「CF」）がプラスか、マイナスであっても一時的なものでなければならない。

　また、窮境の原因が明確であることも重要となる。当該企業はどうしてダメなのか、そしてその解決策はあるのかが分からなければ、企業の立て直しは不可能だからである。そして窮境の原因を除去することが可能かどうかが、ある程度分かっていることも必要である。

　さらには、経営者の資質も問われる。何より誠実でなければならない。よく問題となるのが財務内容の粉飾である。国により全国の各都道府県に設置されている公的支援機関である協議会では、粉飾が明らかな企業も結果的には支援対象としている。ただ、対象としてもらえるかどうかはその要因・規模、すなわち悪質性による。協議会もしくは取引先金融機関団が、常識外の粉飾だと判断すれば、支援の対象としてもらえない。

　一般的に、不動産賃貸業の再生は企業再生の対象外とされることが多く、公的機関の場合には、関与できないものとされている。なぜなら、企業価値の源泉が不動産であれば、債権者は対象不動産を競売するだけで容易に回収することができるからである。また、担保でカバー

できない部分について返済計画を策定しても、担保権者が賃料を差し押さえてしまえば、収入の全額が担保権者の取り分となってしまい、計画の効力がなくなってしまう。

　風俗営業法に関わる娯楽業者も、国の方針で、公的支援機関では再生支援の対象企業にはならない。

2．企業再生の手順

（1）最初にすべきこと
①金融機関の役割の重要性

　中小企業は、なんと言ってもメインバンクを頼りにしており、こうした金融機関の初動の対応努力が企業再生の鍵になる。正常先から要注意先に査定がランクダウンしていく過程において、対応を放置したり、回避したりするのではなく、経営者と突っ込んだ意見交換をするなど、相談に乗り続けることが、手遅れになる確率を低くする。

　経営者は金融機関に企業再生のための支援を求めた途端に、資金を回収されるのではないかとの不安を持っている。また、返済猶予を求めたら、経常運転資金（季節資金や建設業者の立替資金、あるいは手形の割引など）が借りられなくなってしまうという懸念も持っている。それが初動の遅れにつながることが多い。金融機関の担当者は、経営者に企業再生に向けた早期決断を促すためには、こういった経営者の不安を解消してあげることが必要である。

　過剰債務の問題は貸し過ぎの問題と裏腹である。経営者は、こうなったのは自分が悪いからではなく、金融機関のせいだと考えているかもしれない。もしも、過去の金融機関の対応にも問題があったのではと懸念されるなら、双方に、感情論を含めて乗り越えようとする前向きな努力が求められる。

■図表3　専門家の役割

事業調査	中小企業診断士
財務調査	公認会計士（税理士）
計画策定	営業利益までを中小企業診断士、それ以後を財務調査の担当者
金融機関調整	担当サブ・マネージャー及び弁護士（弁護士は特に債務免除を伴う場合に依頼する）
計画実行支援	中小企業診断士

　こうした問題点が解消できたとして、担当者は、経営者と再生についての協議を始めるにあたり、まず、経営者が現状をどのように理解しているかを把握する必要がある。破綻に追い込まれるような要因については、客観的な第三者のほうが冷静に把握できるものだ。こうした第三者である金融機関の担当者と経営者との間に認識の差があれば、経営者がなぜそのように理解しているのかを詰めておくことが大事である。その上で、再生の決断を促す上での問題点をひとつずつ取り除いて着地させる。その際、誰が経営者を納得させる役回りを果たすかも重要である。

②専門家の役割

　協議会が個別支援チームを組成する場合、図表3に示すようなチーム編成を行うことが多い。新しく制定された「中小企業再生ガイドライン」による手続においても、同様である。

（2）具体的な流れ

　協議会が関与する場合は図表4に示す流れで進行することが多い。特に外部専門家は、金融機関の論理を理解する必要がある。対応を一歩間違って金融機関を敵に回すと、即、経営破綻に繋がる。

■**図表４　企業再生の流れ**

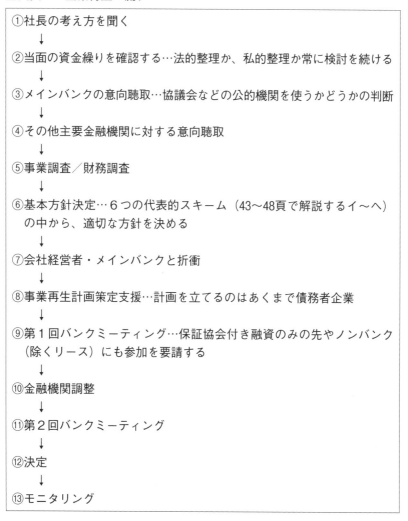

①社長の考え方を聞く
↓
②当面の資金繰りを確認する…法的整理か、私的整理か常に検討を続ける
↓
③メインバンクの意向聴取…協議会などの公的機関を使うかどうかの判断
↓
④その他主要金融機関に対する意向聴取
↓
⑤事業調査／財務調査
↓
⑥基本方針決定…６つの代表的スキーム（43～48頁で解説するイ～ヘ）の中から、適切な方針を決める
↓
⑦会社経営者・メインバンクと折衝
↓
⑧事業再生計画策定支援…計画を立てるのはあくまで債務者企業
↓
⑨第１回バンクミーティング…保証協会付き融資のみの先やノンバンク（除くリース）にも参加を要請する
↓
⑩金融機関調整
↓
⑪第２回バンクミーティング
↓
⑫決定
↓
⑬モニタリング

①社長の考え方を聞く

　「経営者保証ガイドライン」が制定され、社長が個人破産まで求められることはなくなったが、経営責任、保証責任については必ず問わ

れるので、再生対象会社の経営者には事前に覚悟をしてもらう必要がある。金融機関に返済を猶予してもらう程度であれば問題にならないが、さらに踏み込んだ支援（例えば債務免除）を得たいのであれば、企業側も相応の負担を強いられる。

　こういった場面で、経営者が「借りたくなかったのに、銀行から融資を押し付けられた」と主張することはよくある。この場合に金融機関が取るべき方法は、人的抗弁を断ち切ることである。具体的には融資を実行した担当者とは別の担当者が説得に当たることが考えられる。

　また、弁護士やコンサルタントなどの専門家による早期着手の説得に対して、「銀行に経営難を開示すると、銀行に取引を切られるのではないか」という不安があるのであれば、「経営状態が悪いからこそ支援を依頼するのであって、説明もなしに、このまま返済ができなくなれば、いきなり融資を引き揚げられるおそれがある」という点を指摘し、説得したい。

　最初の段階で、社長個人として何を守りたいのかを理解しておくことも大事である。担当者（金融機関の担当者・支援専門家）は条件を詰め、経営者として許容できる範囲はどこまでなのかを聞いておくことが求められる（もちろん、実際に守れるかどうか分からないことは必ず念押しする）。例えば、「自分はどうなってもよいから企業を存続させたい」、「従業員の雇用を守りたい」、「自分の地位や名誉を守りたい」、「企業も名誉もいらないから、個人財産（自宅など）だけは残したい」など、経営者にとって譲れない一線は様々であるが、「譲れるものは何もない」ということであれば、利害関係者の理解が得られず、再生の可能性が低くなる。

　ほとんどの中小企業の場合、会社と経営者は一心同体であり、早期の再生取組みを決断することはなかなか容易ではない。また、早めの再生に手をつけても、その途中で気が変わるなどして進まないケース

も多い。したがって、下記の点に最大限の注意を払い、経営者の意思決定要素を押さえておくことが重要である。

・性格や考え方

・配偶者や親族の状況

・年齢、後継者の有無

・財務的知識と得意とする分野

・破綻の原因と経営者の責任や立場

・経営の相談相手やブレーンの質

・経営者の資産・負債・保証

・経営者の責任と将来

②当面の資金繰りを確認する

次に、数カ月先までの資金繰りを確認する。金融機関の了解なしに返済を止めると、預金を借入金と相殺される可能性がある。また、手形割引や輸入に関するL/C（＝信用状）が今までどおり利用できなくなると、営業の継続が不可能となる。すなわち、取引金融機関の反発にあえば、日常の資金繰りに支障をきたすので、金融機関には、社長自らが誠意を尽くして状況説明をすることが必要である。

なお、私的整理が成立するためには、最低でも6カ月以上かかる。その間に資金繰りが破綻することが明白ならば、法的整理を申し立てて、取引先も含めた全ての支払いを止める必要がある。手形や小切手の不渡りが出てしまえば、破産して廃業する以外の選択肢が、ほぼなくなるからである。

③メインバンクの意向聴取

メインバンクがどれだけ当事者意識を持ってくれているのかが、大きなポイントである。「たとえうちの債権がゼロとなっても、メインバンクとして企業の存続に協力したい」というところもあれば、「破綻の引き金を引くつもりはないが、積極的に支援するつもりもない」

というところもある。メインバンクの意識が前者のようなものであればよいが、後者のような場合は企業再生に支障が生じるといえる。意向聴取の過程でメインバンクとしての方針変更を促したいところだが、長年取引のある金融機関であれば、そうした方針が急に変わることはないといえる。ただ、メインバンクが動いてくれないと、企業の再生はあり得ないので、後ろ向きの理由に「誤解」が含まれているなら、それを解消するよう努めたい。

　なお、「中小企業再生ガイドライン」では、メインバンクではなく、「主要債権者」が重視されている。「主要債権者」とは、金融債権額のシェアが最上位の対象債権者から順番に、そのシェアの合計額が50%以上に達するまで積み上げた際の、単独または複数の対象債権者を指す。しかし、これまでの金融慣行に鑑みると、これからも準メイン以下の金融機関の方針は、メインバンクの意向に左右されるものと予測される。

　また、都市部では取引金融機関の数が多く、残高で突出した金融機関がないことがほとんどであるため、「メインバンクが不在だ」と思われるケースもある。しかしメインバンクとは、必ずしも残高だけで判断されるものではなく、過去の取引経緯からメインバンクという立場になっている金融機関があることを理解しておきたい。また、残高については政府系金融機関が多いが、日常の資金繰りは地元金融機関で調達しているという場合には、残高メインと実質メインという区分けをする。企業の支援にあたって、必ずしも残高の多い金融機関が主導するとは限らないことにも留意すべきである。

　企業再生は公的機関の関与の下で行われることがよくある。公的機関に関与を依頼する理由は、「他の金融機関が協力的でないので、公的機関に調整してほしい」、「踏み込んだ支援も行う以上、計画が妥当か否か、公的機関に検証してほしい」など、金融機関間での調整機能

と、公平性を担保することなどである。この、公的機関の関与を依頼するかどうかも、メインバンクの意向次第であり、メインバンクの意向に反して公的機関が関与することはない。

　ちなみに、中小企業を対象にする主な公的機関には、株式会社地域経済活性化支援機構（REVIC）（以下、「REVIC」）と先述の協議会がある。REVIC は官民ファンドであり、再生の手法は債権の買取が主である。また、もともと中堅企業を再生支援の対象としていた組織なので、財務調査などの諸費用が高額であり、さらには東京本社以外の地方拠点は大阪・福岡・広島・熊本に限られる。これに対し協議会は、全国各地の都道府県庁所在地に設置されていることや、再生の手法も各種用意されており、企業規模では売上高が１億円程度の企業でも取り扱ってくれる。こうした理由から、協議会の利用が圧倒的に多い。ただし、協議会では学校法人は制度上取り扱われず、医療法人の実績も少ない。こうした業種は、REVIC が取り扱うこととなる。

　また、公的機関あるいは第三者機関が実施する調整手続には、この他にも「中小企業再生ガイドライン」を利用するものや、先述の事業再生 ADR（裁判外紛争解決手続）と裁判所における特定調停などがある。

④その他主要金融機関に対する意向聴取

　私的整理は全行一致が原則なので、メインバンクが当該企業の再生を強く主張しようとも、他の取引金融機関が１つでも反対すれば、再生はとん挫する。取引金融機関は、過去の取引経緯と現状の融資残高、担保のポジション（これによって信用貸金の残高が異なる）、資金使途などの違いによって、「再生支援を進める金融機関」と「早く取引を解消したい金融機関」あるいは「現状の取引維持を望む金融機関」に分かれる。昨今は、メインバンクが支援を表明しているのに、あえて強制的な回収手段を取る金融機関はないであろうが、どこまで踏み込んで支援してくれそうか、その感触を得ておくことが必要である。

⑤事業調査／財務調査

次の段階は、事業調査と財務調査である。

事業調査の目的は、事業価値の把握である。必要とされる能力は事業の目利き力であり、具体的には当該事業固有の専門知識である。窮境原因があり苦境に陥ったのであるから、事業実態を調べ、膿となっている部分を明らかにする必要がある。調査結果は事業調査報告書にまとめるが、通常、その最終章に記載される「SWOT（強み・弱み・機会・脅威）分析」が事業調査の一番大事な部分である。また、企業概要などの基礎資料とともに、「ビジネスモデル俯瞰図」を作成すれば、商流を一覧できるようになる。

財務調査では、粉飾の有無を確認し、在庫や売掛金の実態調査により評価替えを実施することにより、実態バランスシートを作成する。これにより、債務超過の有無と、その実額が算出される。財務調査の結果は財務調査報告書にまとめる。

⑥基本方針決定（スキームの決定）

事業調査と財務調査の結果を受けて、どういったスキームを採用するのかという基本方針を決める。例えば、財務調査の結果、実質的な債務超過であることが分かれば、原則として破綻懸念先に該当する。また、債務の完済までに数十年かかるようであれば、過剰債務の状態にあると判断される。そこで、将来CFを算出し、今後何年で債務超過が解消され、何年で（正常運転資金を控除した）債務を返済できるかを把握する。債務超過の解消年数や、債務の完済までの年数が債務者区分の基準となっているので、債務者区分の格上げ（本章における企業再生）を実現させるために、11頁図表1記載の6つの手法（イ. 長期分割弁済、ロ. DES・DDS、ハ. 直接免除、ニ. 第二会社方式、ホ. 債権売却、ヘ. M&A）を使って、その年数を短縮するなどの工夫を図る。これら6つの手法については後に詳述する（43～48頁参照）が、

取引金融機関の体力はそれぞれ異なり、また、債務の免除を伴うような負担の大きいスキームには一切応じないという方針の金融機関も存在するので、選択した手法に固執すると、再生を断念することにもなりかねない。事業再生計画は、最終的には全ての取引金融機関の同意を得る必要があるので、取引金融機関の顔ぶれを思い描きつつ、現実的なスキームを選択する必要がある。

⑦会社経営者・メインバンクと折衝

①で聴取した経営者の考えや希望が必ずしもかなえられるわけではない。会社を子息に継がせたいと望んでも、メインバンクはM＆Aにより他社へ売却しろと迫るかもしれない。あるいは取引先が会社を買ってもらう話をまとめたのに、他にも買収希望者を集めて入札をしろと言われるかもしれない。工場の集約や事業部門の再編など、メインバンクと経営者の意見が相違することは多くある。しかし、それらの相違点をまとめないと、再生計画が完成しない。公的機関・弁護士・コンサルタントなど、調整に当たる各担当者は、現実的な落としどころを考えながら、一連の折衝に臨まないといけない。それぞれの説得にあたっては、8割がたは議論で攻めることになるが、残りの2割は人間としての「情」であったり、「気持ちの問題」であったりする。大変な作業である。

なお、個人保証の問題について、従来は、債務者企業が破綻すれば、同時に保証人も個人破産をすることで債務を整理することが多かった。しかし、金融庁と中小企業庁の指導により「経営者保証ガイドライン」が制定され、2014年から運用されている。これによって、保証人であっても必ずしも個人破産をしなくてもよくなった。

⑧事業再生計画策定支援

事業再生計画とは、計画終了時に当該債務者が正常先となることを示す工程表である。具体的には、事業調査報告書で示された強みを伸

ばし、弱みをカバーするような事業の収支計画を基に、資金繰りと財務内容がどのように変化するかを示す。収支計画は、絵に描いた餅では関係者に認められないので、どういう施策あるいは行動計画を実施するのかが記されたアクションプランがセットとなっている。計画どおり進捗すれば、財務調査報告書で明らかとなった債務超過と過剰債務が、基準とされる年数で解消されることになる。仮に、事業収益の回復だけでは基準を満たせないのであれば、先に検討したスキームを再検討することになる。

　計画を立てるのはあくまで債務者企業であり、外部専門家や金融機関はその支援をするに過ぎない。社外の専門家だけで、今後数年間にわたる製品や商品、サービスの売上高を予測することなど不可能である。実際の計画書は、専門家が経営者や社員からのヒアリングを重ねて作り上げるのだが、債務者企業の経営者や社員達が「これなら達成できる」と腹落ちする計画であることが大切ということである。また、その達成の工程を描いたアクションプランも同時に作成され、「⑬モニタリング」時にフォローされる。

　なお、事業再生計画の詳細については、次項「3．再生計画策定」で解説する。

⑨第1回バンクミーティング

　初回のバンクミーティングの目的は、いきなり最終計画を出しても、それぞれから意見が噴出することが予想されるので、その準備段階として現状報告を行い、参加金融機関の負担を要請することである。すなわち、「⑤事業調査／財務調査」の結果を報告し、「メインバンク（あるいは主要債権者）が基本方針（上記⑥で決定した基本方針のこと）を了承している。ついては、各金融機関とも、相応の負担をお願いしたい。さらに、一定の基準日以降は、各金融機関とも融資残高を維持すること」を全金融機関に要請する。残高維持の要請は、資金繰りの

観点と最終的な計画策定作業にあたって、各金融機関の残高を確定するためである。

　したがって、参加を要請する金融機関は、不利益を被る関係者全てである。保証協会付き融資のみの先やノンバンク（除くリース）も含まれる。

⑩金融機関調整

　基本方針に基づき策定された事業再生計画は、対象債権者の全てが同意し、その旨を文書等により確認した時点で成立するとされている（協議会の事業実施基本要領（以下、基本要領）、中小企業再生ガイドライン）。対象債権者については、「中小企業再生ガイドライン」に記述があり、「原則として、銀行、信用金庫、信用組合、（略）、信用保証協会（代位弁済を実行し、求償権が発生している場合。保証会社を含む）、サービサー等及び貸金業者を指すものとする。ただし、（略）私的整理を行う上で必要なときは、その他の債権者を含むものとする」とされている。

　事業再生計画の前提となる基本方針が、金融機関が債権を放棄する内容となっている場合では、金融機関の負担が大きいため、メインバンクと非メインバンクの立場の違い、融資残高の多寡や金融機関の体力の問題で意見が分かれることが多い。

　また、当初の約定どおり返済できなくなる状況に対してリスケジューリング（以下「リスケ」）が予定されるケースがある。これには、借入残高に応じて企業が支払う返済額を案分するプロラタ方式と、不動産担保等でカバーされる金額を控除した残りの額、すなわち信用貸金の残高案分による「信用プロラタ」があり、どちらを採用するのかを金融機関で調整することとなる。自社に有利な返済方法を主張する金融機関の担当者がいるものだが、協議会が関与する案件では、債務免除を伴わない場合の返済はプロラタ方式で、債務免除を伴う場合は信用

プロラタを採用することになっている。協議会では、発足以来、数多くの事例が積み上げられており、金融機関間で共通に認識されているルールで運用されているので、一部の理不尽な要求は通らなくなっている。

　その他、金融機関調整の現場で議論されやすい論点として、以下のようなものがある。何が正しいのか唯一の正解はなく、事例ごとに答えが異なる点には留意していただきたい。

> 取引金融機関の体力（資本力）の問題で、特定の金融機関だけが債務免除に応じない場合の公平とはどんなことか

［一般的な考え方］

　まず、金額がわずかな場合、該当する金融機関だけ免除しないという計画を策定することはあり得る。他の金融機関全てが賛成することが条件である。それが無理な場合には、反対する金融機関にだけ、債権放棄ではなくDDS（もしくはその類似行為である返済の劣後化）に留めることを許容するという方法もある。ただし、第二会社方式やM＆Aでの事業譲渡を行うのであれば、今の会社は清算することになるので、反対する金融機関にも、会社清算時点で放棄してもらうしか方法はない。

> 金融支援の一環として金利引下げをするのか、あるいはしないのか。引き下げる場合、全金融機関が一律に引き下げるのか。それとも適用金利を統一するのか

［一般的な考え方］

　協議の場で金利を議論しても、各金融機関の一致点を見出すことは難しい。したがって、通常、金利引下げは検討しない。

直近の緊急融資は、別枠として返済するのか

［一般的な考え方］

　コロナ禍における緊急融資の取扱いについて、今後、議論となる可能性があるが、現状、決まったルールはない。債務免除以外の方法を取る場合には、緊急融資の返済額を多少でも他の債権に優先することになるだろう。ただし、債務免除にまで踏み込んだ場合には、破産申立と同じ考え方となるので、緊急融資と一般融資を区別せず、一律の取扱いとなる。

各種デリバティブ取引の損失に関わる融資についても再生計画に含められるのか

［一般的な考え方］

　企業が実需としてデリバティブ取引に主体的に関わってきたのであれば、一般の融資と区別する必要はないが、その取引に実需がなく、金融機関が押し付けたものであれば、ある程度返済額に多寡を付けないと、他金融機関の理解は得られないのが通常である。

経営者、保証人の私財提供の範囲はどこまで追求するのか

［一般的な考え方］

　「経営者保証ガイドライン」ができた以上、保証人に破産の申立てを迫るのは適当ではない。同ガイドラインによれば、一定の生活費として年齢に応じた金額と、華美でない自宅は残せる可能性がある。なお、経営者一族については、そもそも保証責任がなく、経営者としての実態もない（つまり、経営責任がない）親族（たとえば両親や妻など）の資産については対象外にすべきである。

> 同族でないサラリーマン社長の保証が、辞任後も解除されていない
> 場合、どこまで責任を追及するのか

［一般的な考え方］

　債権を放棄し、その金額を税務上損金として処理しようとしても、
連帯保証契約があれば、当該保証人から回収しないと、償却できない。
したがって、基本的には「経営者保証ガイドライン」に基づき整理す
ることになる。

⑪第２回バンクミーティング

　各金融機関の意向を取り入れて再策定した計画の説明である。各金
融機関はこれを持ち帰り、本部稟議での決裁を得て同意書を発行する。
どうしても同意できないという場合には、この時点で意見を表明する。
通常は、この時点では賛成してくれるという前提で開催されるので、
この場で全行一致とならなければ、以後、公的機関は関与を外れる。

⑫決定

　全金融機関の同意をもって、初めて計画に効力が生じる。

⑬モニタリング

　通常、企業再生計画には３年間のモニタリング期間が設けられる。
抜本策を講じた場合は、計画の進捗状況を見守ることになるが、返済
を猶予するリスケであっても、計画のモニタリングが非常に重要となる。

　計画のモニタリングは、ただ単に、業績のフォローをするだけに留
まらない。モニタリングというと、社長が金融機関へ試算表を毎月持
参することをイメージするが、そうではない。試算表は過去１カ月間
の成績表でしかないので、それだけでは今後の業績がどのように変化
するかは分からない。例えば建設業などの受注型産業であれば、受注
残を月次でフォローすることが必要である。この推移をたどることで、
初めて今後の業績を予測できる。

　数字だけではなく、計画達成までの工程表として作成されたアクションプランの進捗状況を検証しなければならない。それに加えて、例えば製造業で不良品発生率が当初の想定時より多いと判断されれば、その要因を調べることも大切である。計画達成上、フォローが不可欠な要素が明らかになった時点で、関連する指標を追加する。それをフォローできる体制があれば、現実に即して、具体的に改善を図ることができる。こうした従業員の行動面にまで落とし込んだ数字をフォローしていかないと、試算表を見て営業利益の多寡で社長を責めても、企業の自発的な行動の変化は起きない。

　こうした指標は、当該企業ごとに異なる。不良品発生率、欠品率、輸送費など、その企業の業務プロセスの分析によって初めて分かる大切な道標となる。当該企業の強み・弱みを表す指標を追っていくことで、本来あるべき姿を追い求めるのである。指標の数は、多くても5つ程度とし、金融機関の担当者は、試算表とともにその数字を月次でモニタリングすることで、先月の業績が良かった理由・悪かった理由の理解に努める。

　こうした踏み込んだモニタリングを全ての対象企業に実施することはできないが、債務免除などの抜本的な支援をすでに実施した先や、業績の回復状況次第で、今後、抜本的な再生計画を策定して支援しようという先では必須である。

　営業は継続できても、完済までには至らない事案も多い。企業再生案件において追加融資が可能なケースは少ないであろうから、資金が不足すると、打てる手は限られる。飲食店や小売店などの現金商売では、赤字店舗だからといって閉店すると、一時的には資金繰りが厳しくなる。また、税金や社会保険を滞納していた場合、差し押さえの可能性もある。つまり、モニタリングにおいては、資金繰りに対する目配りが非常に重要となる。

なお、当然ではあるが、企業再生計画は達成することを前提に、真摯に作成されていることを経営者に念押ししたい。金融機関の担当者が計画策定を手伝おうが、外部のコンサルティング会社が作成しようが、企業再生計画に責任を持つのは経営者である。「事業は追加借入なしで回っている。利払いもできる。しかし、初年度の返済原資が10百万円の予定だったところ、1百万円に終わった」ということであれば、計画未達である。後述する金融庁の監督指針でも「売上高及び当期利益が事業計画に比して概ね8割以上確保されていること」が計画達成の目安となっている（39頁参照）。仮に、計画未達というだけではなく、約束した金額の返済ができなければ、金融機関に追及される。売上計画は相手のあることなので、多少はやむを得ない面があるとしても、経費の削減が未達ならば、特に厳しく対応される。

　通常であれば、初年度の計画は相当吟味されて作成していると思われるので、計画と実績がそれほどかい離することはない。問題は、自然災害、為替変動、世界的な景気悪化など、外部要因が原因で業績が悪化した場合、その影響がいつまで継続するか分からないケースである。2020年に発生したコロナ禍も同様だ。こうした場合には、影響が1社にとどまらないので、世間の動向を見ながら対処するしかない。

　リスケを繰り返しているような場合では、モニタリング期間終了時に計画と実績のかい離が激しく、事業継続に懸念があれば、それ以上の期限の利益は与えられないのが通常である。そして、いよいよ資金繰りが厳しくなって、先方が利払いもできなくなった場合や、資金繰りの破綻がはっきり確認できたときには、回収を急ぐ必要がある。急がなければ、資産が劣化してしまう。

　また、経営者が、地縁・血縁から無理に資金を集めてしまうと、経営破綻の際、連鎖倒産が発生し、周囲に被害者を増やすことにもなるので、注意が必要である。

3．再生計画策定

（1）再生計画全般

①再生計画の考え方

イ．納得できる「固めの数字」でまとめる

　再生計画とは将来の「絵」である。しかし、「絵空事」であってはならない。特に将来のP/Lについて実現性の高い計画を作る必要がある。

　黒字であれば、絵も描ける。しかし、赤字であれば、いずれかの時点で、黒字にする必要がある。赤字は解消できたとして、収支トントンの状態が続くとなると、事業は継続できても返済が再開できない。こうした企業を存続させるための理屈を作るには、工夫が必要である。過去のトレンドを延長しても、現下の経済状況では、何の意味もない。「今年は営業をがんばって、昨年対比10％増で…」と説明しても、金融機関が納得することはない。だからと言って、「新規事業で一気に売上倍増」などという計画も信用度が低い。新規事業には、必ず運転資金が必要なので、「新規事業」と聞いたとたんに、金融機関の対応は消極的となりがちである。

　企業が金融機関へ融資を依頼する場合には、一般的に強気の計画が提出される。しかし、企業再生のために策定する経営計画は、経営不振の中で作られるものであるから、固めの数字でなければならない。失敗すれば次はないからである。また、返済猶予を求める計画であれば、①今は返済できない、②しかし、待ってもらえば返済できる、という2つの条件を同時に満たさないといけないので、相当頭をひねる必要がある。金融機関は、金融庁・税務当局・日本銀行・株主（組合員）・預金者など各種利害関係者から常に監視されていると言っても過言ではない。こうした利害関係者の批判に耐えられるような再生計

画を受け取ることが必要なのである。

　計画の要諦は、「読んでいて、納得できる」ということである。単なる希望的数字、すなわち「こうあるべきだ」という数字を元にした計画は納得できるものではない。限られた期限内での全額返済を実現するには、「これ位はやらなければならない…」という少し過大な目標を掲げる必要もあるだろう。しかし、計画が破綻してしまえば、元も子もない。つまり、実行できるギリギリの数字で計画を策定することが大切だ。

ロ．金利調整は最後の調整弁

　計画策定にあたっての金利の考え方もきちんと理解しておきたい。売上を精一杯背伸びし、コストを削減し、どの数字をいじっても利益が足りず債務超過解消年数が基準を超えてしまい債務者区分の格上げが達成されないとき、最後の調整弁として使えるのは、金利である。金融機関に金利を引き下げてもらうことで、基準を満たす計画とするのである。ただし、１行取引あるいは圧倒的なメインバンクがあるのならよいが、他金融機関と協調する必要がある場合には、金融調整での軋轢を覚悟しないといけない。筆者は、「実質破綻」に近い「破綻懸念先」であれば、本来、金利分は元金へ充当するのが筋であるから、できるだけ金利を下げ、元金への充当分を多くすることが正しいように思う。しかし、実際の金融調整で金利について議論がまとまることは極めて少ないのが現実である。

ハ．公租公課の支払いは必ず計画に盛り込む

　なお、計画には税金・社会保険関係（公租公課）についても目を配ることが必要であることも付言しておきたい。資金繰りが逼迫する中で、公租公課の多少の延滞はやむを得ないが、一定限度を超えると、差し押さえリスクが発生するので、気をつけないといけない。

② CF の重要性

　計画を立案した以上、計画と実績の検討は大切である。しかし、それも計画策定が、相当の注意を払って作成されたものであることが前提である。根拠のない希望的数字で固めた計画が破綻したからといって、企業側に真摯な反省は生まれない。企業が継続していく上で重要なのは、言うまでもなく CF である。CF は、将来の夢でも理想でもなく、足元の現実だ。

　債務超過であれ、赤字であれ、CF さえプラスであれば、企業は存続する。CF の改善には、①売上の増大、②コスト（仕入れを含む）の削減、という収支の改善のほか、③取引条件の改善がある。このうち、まずは③取引条件の改善の余地がないかを検討すべきである。支払いサイトの延長等を要請するものなので、仕入先等に信用不安を抱かせないか、という懸念もあるだろうが、会社がつぶれるよりはましである。ただし、仕入先が大手商社であったり、あるいは百貨店にテナントとして出店している場合などは、こうした要請を絶対にしてはいけない。相手が一流企業であれば、取引の継続・安定性を理由に取引先の信用を重んじるので、決してこちらの弱みを見せてはいけない。また、昨今のドライバー不足による影響で、運送業者も先方から取引先を選別しているので、注意が必要である。

　金融機関の担当者や支援の専門家は、P/L から理論値で、フリーCF を計算する。しかし、通常、経営者は B/S も、あるいは P/L でさえ念頭にないことがあるが、資金繰りだけはしっかりと頭に入れているものである。それであれば、経営者は資金繰り改善（CF をプラスにする）に向けた現実的な計画が立てられそうなものだが、過去の慣習に捉われて、従前の仕組みを変えることを嫌がる、あるいは思いつかない経営者が多いことに留意すべきである。つまり先に述べたような取引条件の変更や、コスト削減につながる古手の従業員の削減な

ど、何らかのきっかけがなければ実行できない場合も多いのである。こうした社長の背中を押すことは、金融機関担当者の重要な役回りといえる。

③売上に対する考え方

　金融機関が納得する再生計画である「実抜計画」（36〜38頁参照）では、売上高、費用及び利益の予測等の想定が十分に厳しいものとなっていることが必須条件とされているが、「それではとても返済原資をひねり出せない」というケースが多い。したがって、ある程度楽観的な（強気の）売上計画を作成せざるを得ないのも現実である。しかし、「対前年比〇％増」というような売上計画では、金融機関内部の審査（担当部局）は通らない。冷静に考えてみると、どんな業種であれ、中小企業・小規模企業の売上が、この先、順調に伸びていくとはとても思えないからである。国の人口は減る。労働力人口も減る。人口減だけが日本のデフレの原因だとは言えないが、売上（単価×数量）が、今後順調に伸びると想定することには、相当な違和感がある。

　したがって、売上高を上げていく計画を作るのであれば、それに応じた理屈を考えなければならない。部門ごと、製品ごと、取引先ごとなど、根拠立てて説明するようにアドバイスすることが必要になる。

　筆者は、協議会での計画策定支援時に、ある銀行の担当者から、「2〜3年後はともかく、ずっと先のことは分からないのだから、5年後以降、少し売上を調整（＝上振れ）して欲しい」と言われた。しかし、先のことになればなるほど、手直しすることはできない。根拠のない上振れは、説明がつかないからである。そうした姿勢で計画を策定すると、計画全体の信頼性もなくしてしまう。

④追加融資

　例えばビジネスホテルの再生案件で、各部屋に無線 Wi-Fi が付いていないことが課題となったとする。こうした、経営上必要と考えら

れる設備投資は優先して行い、その資金は、経営計画の中で優先して返済を見込むよう指導する必要がある。チラシ、その他の広告費についても同様である。そうした資金もひねり出せない場合は、追加融資により調達することも検討すべきである。営業力の向上のために支出すべき費用がないと、業績にボディブローのように効いてくる。追加融資を行う金融機関は、既存融資の劣化を防ぐための必須資金だと割り切って捉える必要がある。

（2）実抜計画と合実計画
①貸出条件緩和債権と経営改善計画

　金融機関にとっての企業再生とは、自己査定で「要管理先」（3カ月以上延滞しているか、貸出条件を緩和している債務者）以下に分類される企業を格上げする作業であると述べたが、貸出条件を緩和（返済猶予や返済期間の延長）している場合であっても、所定の経営改善計画を策定している場合は、上記「要管理先」より格上の「その他要注意先」に分類される。すなわち、金融機関の目線では、こうした経営改善計画の策定支援が企業再生の初期対応になっているといえる。

　ただし、どのような計画であってもよいわけではなく、具体的な数値基準を満たした、「実現性の高い抜本的な経営改善計画書（以下、「実抜計画」）」と「合理的で実現可能性の高い経営改善計画（以下、「合実計画」）」の策定が条件となる（金融庁監督指針）。合実計画のほうが、実抜計画より基準が緩い（下記③参照）。

　そもそも、貸出条件を債務者の依頼で緩和する場合、そうした事実は「従来どおりには返済できない」という経営状況を示している（＝貸倒れリスクが高い）のだから、金融機関はそのリスクに応じた金利を取るべきであり、適正な金利を取れるのなら、貸出条件緩和債権にはならないという規定となっていた。しかし、返済猶予等を求める企

業が、金利の引上げに応じることは困難であるから、経営改善の道筋を示した「実現性の高い抜本的な経営改善計画」があれば、金利を引き上げなくても貸出条件緩和債権にはあたらない、すなわち格付上、正常先から不良債権となる要管理債権へのランクダウンは不要ということになった。「貸出条件を緩和すれば企業の資金繰りが楽になるのだから、倒産確率が下がり、ランクダウンは不要」という論法である。また、返済猶予等を申し出る時点でこうした計画が策定されていなくてもよく、返済猶予等が行われた時から1年以内に策定すればよいとされている。

　中小企業の場合、実抜計画とみなされる要件として、「計画の進捗状況が概ね1年以上順調に進捗している場合」というものがあるが、逆に、計画が順調に進捗する期間が1年ももたないのであれば、とても「実現可能性が高い」とは言えないので、金融機関は格付をランクダウンさせる必要が出てくる。「計画が順調に進捗していない」というのは、「売上高等及び当期利益が、計画対比8割未満の場合」とされているので、CFがあり営業が継続できていても、上記に当てはまると、自己査定上はその時点で格付がランクダウンとなる。

②「実抜計画（＝実現可能性の高い抜本的な経営再建計画)」とは

　「実抜計画」の詳細は、金融庁の監督指針に次のように記載されている。

　（略）特に、実現可能性の高い抜本的な経営再建計画に沿った金融支援の実施により経営再建が開始されている場合には、当該経営再建計画に基づく貸出金は貸出条件緩和債権には該当しないものと判断して差し支えない。

　そして、「実現可能性の高い抜本的な経営再建計画」の説明として、次のように記載されている。

イ．実現可能性判断のポイント

　まず、「実現可能性の高い」とは、以下の要件を全て満たす計画であるとされる。

　1．計画の実現に必要な関係者との同意が得られていること
　2．計画における債権放棄などの支援の額が確定しており、当該計画を超える追加的支援が必要と見込まれる状況でないこと
　3．計画における売上高、費用及び利益の予測等の想定が十分に厳しいものとなっていること

　計画は暫定的なものではなく、実行するだけの状態になっていることが必要ということである。なぜなら、関係者の同意がなければ、同意しない金融機関から回収行為を受ける可能性が生じ、計画実行にリスクが伴うからである。また、バラ色の計画ではなく、固めに見積った計画である必要があるとされている。売上高・費用・利益の計画に注目することが求められるが、真に重要なのは、これらから生み出されるCFであることを認識しておく必要がある。

ロ．抜本的かどうかの判断ポイント

　次に、「抜本的な」とは、計画により以下の状況となることとされる。

　概ね3年（債務者企業の規模または事業の特質を考慮した合理的な期間の延長を排除しない）後の当該債務者の債務者の業況が良好であり、かつ、財務内容にも特段の問題がないと認められる状態となることをいう。

　上記が示す、3年で業況が良好、かつ、財務内容に問題なしというのは、「3年後には、債務超過も解消し、事業の規模に見合った必要な資金が借りられるような、通常の状態に戻っていること」が必要だという意味である。

ハ．公的機関が策定支援した計画の扱い

　協議会、整理回収機構、その他の公的機関が策定支援した再生計画、事業再生 ADR 手続に従って決議された事業再生計画、REVIC が買取決定等した事業者の事業再生計画については、当該計画が「実現可能性の高い」「抜本的」の要件を満たしていると認められる場合に限り、「実抜計画」であると判断して差し支えないとされている。これらの機関は、それぞれに定められた基準に則って計画を策定しているのであって、金融庁の監督指針に沿って計画作りをしているわけではない。また、協議会の基本要領では、実抜計画・合実計画と同様の数値基準が採用されているが、全ての案件が指針の基準を満たしているわけではない。

　したがって、公的機関が計画を策定し、全金融機関が同意の上、支援が開始されたからといって、その債権が自動的に貸出条件緩和債権に該当しなくなるわけではない点に注意が必要である。

③「合実計画（＝合理的かつ実現可能性の高い経営改善計画)」とは

　「実抜計画」の説明のうち、「抜本的な」の解釈について、中小企業特例として「３年後」が「５年後」でも構わないとされている。このような計画を「合実計画」と呼ぶ。

　中小企業である場合は、大企業と比較して経営改善に時間がかかることが多いことから、「合理的かつ実現可能性の高い経営改善計画」（合実計画）が策定されている場合には、これを「実抜計画」とみなして差し支えない。

　「合実計画」の要件は、計画期間が概ね５年以内で正常先（≒債務超過解消）となることとされているので、中小企業の場合、「３年で債務超過解消」⇒「５年で債務超過解消」が許容されるということである。

　「合実計画」の詳細は、金融庁の監督指針に次のように記載されている。

イ．経営改善計画等の計画期間が原則として概ね５年以内であり、かつ、計画の実現可能性が高いこと。

　ただし、経営改善計画等の計画期間が５年を超え概ね10年以内となっている場合で、経営改善計画等の策定後、経営改善計画等の進捗状況が概ね計画どおり（売上高等及び当期利益が事業計画に比して概ね８割以上確保されていること）であり、今後も概ね計画どおりに推移すると認められる場合を含む。

ロ．計画期間終了後の当該債務者の業況が良好であり、かつ、財務内容にも特段の問題がないと認められる状態（ただし、計画期間終了後の当該債務者が金融機関等の再建支援を要せず、自助努力により事業の継続性を確保することが可能な状態となる場合は、金利減免・棚上げを行っているなど貸出条件に問題のある状態、元本返済若しくは利息支払いが事実上延滞しているなど履行状況に問題がある状態のほか、業況が低調ないしは不安定な債務者または財務内容に問題がある状態など今後の管理に注意を要する状態を含む）となる計画であること。

ハ．全ての取引金融機関等において、経営改善計画等に基づく支援を行うことが合意されていること。

　ただし、単独で支援を行うことにより再建が可能な場合または一部の取引金融機関等が支援を行うことにより再建が可能な場合は、当該支援金融機関等が経営改善計画等に基づく支援を行うことについて合意されていれば足りるものと判断する。

ニ．金融機関等の支援の内容が、金利減免、融資残高維持等に止まり、債権放棄、現金贈与などの債務者に対する資金提供を伴うも

のではないこと。

　ただし、経営改善計画等の開始後、既に債権放棄、現金贈与など
の債務者に対する資金提供を行い、今後はこれを行わないことが見
込まれる場合、及び経営改善計画等に基づき今後債権放棄、現金贈
与などの債務者に対する資金提供を計画的に行う必要があるが、既
に支援による損失見込額を全額引当金として計上済で、今後は損失
の発生が見込まれない場合を含む。

　なお、制度資金を利用している場合で、当該制度資金に基づく国
が補助する都道府県の利子補給等は債権放棄等には含まれないこと
に留意する。

　そもそも、このような計画制度ができたのは、リスケの申し出先を
不良債権にしないためであるから、最初に定められた「実抜計画」は、
リスケをしている「要管理先」が対象である。しかし、本書の目的で
ある企業再生の対象先となる企業の多くは、「破綻懸念先」である。
そこで、まずは「破綻懸念先」を対象としている「合実計画」を理解
しておくことが大切である。

　「合実計画」が成立するための具体的な数値であるが、計画期間が
概ね５年以内で正常先となることとされているので、債務超過解消が
３年から５年に延長されたことになる。その後、2008年の監督指針及
び金融検査マニュアル別冊（中小企業融資編）の改定で、策定した計
画の進捗がおおむね計画どおり（売上高や当期利益が計画に比して８割）
に進捗している場合には、最長10年以内の計画についても５年の計画
と同様に扱えることになった。ただ、こうした基準は、金融機関の実
情に合わせて決めて構わないとされており、各金融機関が参考として
いるのが協議会の基本要領である。

　そこでは、３年以内の黒字化、５年以内の債務超過解消（ただし、

合理的な理由がある場合にはこれを超えても可とする）、再生計画終了年度における有利子負債の対キャッシュ・フロー比率がおおむね10倍以下（ただし、合理的な理由がある場合にはこれを超えても可）とされている。

　実務的には、黒字化とキャッシュ・フロー比率が問題になるケースは少ない。なぜなら、3年以上も赤字が続けば、資金繰りが破綻するであろうし、計画終了年度においてなお10年以上の負債があるという計画は、策定する意味合いが低いからである。しかし、債務超過解消年限については、5年程度では収まらないケースが多く、5年超の計画のほうが多いという印象がある。ただ、個人的な経験では、債務超過解消に10年間以上かかるような計画を策定したことはない。

（3）P/L改善による事業再生

　再生可能な企業とは、「過剰な設備投資などを実施したために、有利子負債がその企業規模に比べ著しく大きく、債務に直接的な働きかけをしなければ、自力で再建できない企業である一方、健全な事業部門を抱え、不採算事業からの撤退と過剰債務の除去を行えば、事業の再建が可能な企業」とされている（全国銀行協会「私的整理に関するガイドラインQ＆A」）。しかし、再生支援の対象となる中小企業が直面しているのは、過剰債務の問題以上に厳しい資金繰りである。企業にとってまず必要なことは、B/Sの改善（過剰債務の除去）ではなく、P/Lの改善である。

　「この事業は、そもそも商売として成り立つのだろうか。業績不振は景気の問題でなく、いくら待っても回復しないのではないか」と疑問に思うような企業には、その事業の目利きをしなければならない。筆者は金融機関から「この企業については資産背景もあり、債務超過ではない。したがって、公認会計士による財務調査はいらないから、

事業の専門家による事業調査だけを実施して、将来計画を作成してほしい」といった要請を受けることがあるが、これはP/Lが検証テーマとなっていることの表れである。

　通常、金融機関が新規取引を開始する時点では、事業の将来性を深く検証するよりも、過去の業績により与信判断がなされる。しかし、業績が悪化して返済の猶予を認めざるを得なくなると、事業の目利きが必要となる。

　業績回復に必要なのは、売上高増加とコスト（原価ならびに経費）削減である。売上高を増やすためには、新規先の開拓、既存先への深耕、休眠先への営業が必要となる。また、マーケティングの観点からは、手を広げずに、儲かっている商品あるいは分野に特化することが必要である。逆に言えば、儲かっていないものをいかに切り捨てるか、ということである。新商品あるいは新分野に進出する場合は、近隣領域にしか進まないことが大事である。そうすることで、固定費の削減にもつなげることができる。

　コストについては、項目ごとに、それぞれ理由をつけて、どういった方法で削減をするのか、一覧表を作成するとよい。人員削減と競争購買（相見積のこと）が主軸となる。特に気を付けるべきは、コスト削減の前提は、業務プロセスの改善が前提だということである。仕事のやり方の見直しによって、無駄を削減するのが本来であって、単に人だけを減らしてしまったら、仕事の効率が落ちたり、営業力が下がったりする。すなわち飲食店あればサービスの低下、メーカー等では営業要員削減による売上高低下により業績が悪化してしまうことがある。広告宣伝費も要注意である。例えば、スーパーのチラシ削減や結婚式場の情報誌への出稿取りやめなどは、ジワジワと売上高を低下させる。

　コスト削減は、競争力の源泉になり、売上増大の大きな武器となるものでなければならない。例えばメーカーならば、1銭でも安く売る

体制を作ることが必要である。特に中小企業、小規模企業の製造業者の場合、製品の持つ優位性などはたかが知れている。商品の魅力は、他社より安いことに尽きるというのが現実だ。

（4）財務内容の改善手法

①「格上げ」できる手法を選択

　金融機関が、取引先企業の再生を図る際、まず、検討するのは借入期間の延長である。契約の変更だけで済めば、債権放棄や引当金計上といった金融機関の負担は生じない。検討の結果、正常化に至る期間が「実抜計画」や「合実計画」の基準を満たさない場合には、後述するDES・DDSが検討される。これらは金融機関の債権放棄を伴わない手法である。さらに、それでも基準を満たさなければ債権放棄も検討されるが、債務者が債務の免除を受けると債務免除益が発生し、それに見合う損失がなければ課税されてしまう。そこで、銀行が直接債権を放棄せずに事実上の債務免除となる債権売却や、第二会社方式などの抜本的な企業再生につながる手法が検討される。また、債権放棄を伴ったM＆Aによるスポンサーへの売却も選択肢となる。

　これらの手法をまとめたものが11頁に掲載した図表1であるので、再度参照していただきたい。

②各手法の内容

　上記図表1に示した各手法の内容は次のとおりである。

イ．長期分割弁済

　長期分割弁済は、債務の削減を実施せず返済額を軽減するだけの方法であるから、債務超過の解消や、債務の完済までの年数が短縮されるわけではない。しかし、弁済期間を延長して返済負担が減少すれば、完済の確実性が高まり、経営の安定度が増して企業の再生が図れる。単に返済負担を軽減するだけであれば、とりあえず返済を止めるとい

う方法もある（以下では「単なるリスケ」と表現）。

　気を付けないといけないのは、単なるリスケと、長期弁済計画を一緒にしてはならないことである。単なるリスケの場合には、期限の利益を与えられたわけではなく、一時凌ぎにすぎないので、返済猶予期間の後、どうするかが決まっていない状態である。そういった不安定な状態からの脱出には、長期にわたる弁済を許容してもらう必要がある。これが長期分割弁済である。

　どの程度、長期間が許容されるかには、様々な意見がある。弁済期間そのものについては、運転資金なのか、設備資金なのかの違いもあって、一概に言えないが、実質債務超過解消年数が１つの基準となる。旧金融検査マニュアル別冊（中小企業融資編）には、10年程度での債務超過解消が見込まれる例（貸出条件緩和債権には該当しない）が紹介されていた（事例23）。最長でも、12〜13年というあたりが限度だろう。「長期分割弁済」は返済契約のまき直しであり、期限の利益を完済まで与えられるので、格付はランクアップできる。

ロ．DDS・DES

　Debt Debt Swap（以下、「DDS」）は、資本性劣後ローン（協議会においては資本的劣後ローン。以下、「劣後ローン」）と称される手法で、債務の一部を、通常の借入から超長期の借入である劣後ローンに振り替えることである。金融庁の基準を満たせば、金融機関は劣後ローンを資本とみなして構わないとされているので、見かけ上の自己資本が増える。劣後ローンに変換した部分の返済は、長期間（たとえば15年）据え置かれ、その間は十分に低い金利（協議会案件では0.4％）が適用される。一般的に、融資の金利は企業の業績が上がれば下がり、業績が悪化すると信用不安により、高くなる。ところがDDSでは、金利を配当と同じようにみなすので、業績不振の間は金利が低いままだが、業績が回復すれば金利も上がる仕組みとなっている。

　DDS は、債務者にとって真の債務削減につながるものではないこと、金融機関にとっても劣後ローン相当分の引当金を積む必要があるので、双方にとって大きなメリットはない。ただ、金融機関にとっては、債権を放棄するわけではないのでハードルが低く、取組事例は多い。

　Debt Equity Swap（以下、「DES」）は、借入を株式に変換し、債務を圧縮することである。DES は、金融機関にとって債権放棄と同等の負担があること、また、金融機関が取引先の未上場の株式を所有しても、換価が困難であるため、中小企業では、ほんの数例しか事例がない。

　ここで留意すべきは、下記ハ. 以下の債務免除は金融機関にとっては損切りであり、その時点で損失が確定するのに対し、DDS・DES は将来の回収可能性が残っていることである。その点で、債務免除と DDS・DES には大きな違いがある。

ハ. 直接免除

　金融機関が、取引先への債権を、直接放棄する（企業にとっては債務免除を受ける）方法である。クリアすべき論点が多く、ハードルは高い。金融機関にとっては主に以下のようなリスクを払拭することが必要となる。

- ・金融当局の指導を受けないか（＝回収極大化の努力をしたか。合理的な判断か）
- ・株主代表訴訟の対象にならないか（＝取締役の善管注意義務に違反していないか）
- ・税務上の問題はないか（＝債権放棄額が過大で損金算入できないと判断されないか）
- ・取引先からの風評（＝他の債務者から、自分も免除してほしいと言われないか）

などである。公的な第三者機関のお墨付きがあれば、こうしたリスク

を回避しやすいので、金融機関は公的支援機関の関与を望む。しかし、協議会が発足した当初（発足時は中小企業再生支援協議会）、案件終了後に、国税当局から債務免除額の損金算入を否認された金融機関の事例がある。それ以来、協議会は、金融機関が直接、取引先の債務を免除する案件は取り扱わないことになっている。その代案として活用されているのが、下記ニ．第二会社方式と、ホ．債権売却である。なお、ヘ．Ｍ＆Ａは、Ｍ＆Ａというプロセスを通じ、残余額について債務免除を得るという手法である。

　金融機関に債権を直接放棄してもらう場合には、当該企業の社長は、経営者としての責任、また、連帯保証人としての責任を取ることが、当然、必要になる（ただし、「経営者保証ガイドライン」の制度があり、この制度を利用する場合、個人破産まで求められることはない）。

　金融機関が、自らの損失につながる債権放棄に応じるのは、経済合理性に適う場合である。具体的には、以下のとおりである。

債権放棄後の継続価値（＝当該企業が将来にわたって返済できる金額の割引現在価値）＞清算価値（現時点で破綻した場合の回収額）

　担保価値がほとんどないケースが理解しやすい。賃借店舗で営業する飲食店などが典型で、清算してしまえば、配当には期待できないが、継続すれば、長期にわたって弁済が期待できる。ただし、金融機関は、いつまでも不良債権と付き合うわけにはいかない。すなわち、時間との兼ね合いがある。したがって、たとえ黒字であっても、あまりにも弁済額が少なければ、早く清算して、損金を確定させたいと判断する。

ニ．第二会社方式
　資産を事業譲渡や会社分割の方法で切り離し、新会社で事業を継続するという方法である。金融機関の了解を得て、新会社は適正な債務

だけを引き継ぎ、過剰な債務は旧会社に残す。そして旧会社は法的整理を実施して清算する。こうした方法で、実質的に債務を削減し、債務免除と同等の効果が得られる。かつて、借金逃れを目的に、金融機関の承諾を得ないままでの会社分割が多数実行された。裁判で争われたケースも多く、「新たに設立する株式会社にその債権に係る債務が承継されず、新設分割について異議を述べることもできない（略）債権者は、詐害行為取消権を行使して新設分割を取り消すことができる」との判決が出ているので、不適切な第二会社方式が用いられても裁判をすれば勝てるが、再生企業が第二会社方式を検討していることを察知した場合には、対応を急ぐべきである。

ホ．債権売却

　債権売却とは、企業再生を主業務とするファンド（REVICや中小企業基盤整備機構が出資した公的ファンドや、民間資本の投資ファンド）あるいは、債権回収会社（サービサー）に、金融機関が債権を売却する方法である。企業は、事業の立て直しが終われば、金融機関から新たに借入をして、ファンドやサービサーに返済する。例えば、金融機関が持つ10億円の不良債権をファンドが3億円で取得し、数年後に企業が4億円を調達して返済するというケースでは、企業は残余の6億円の免除を得られることとなる。この方式は、金融機関が企業に対する債権を直接放棄するわけではないので、意思決定がしやすい。また、債権売却時点では、債務者側に債務免除益が発生しない。

　ただ、債権額を下回る額で売却するので、やはり、債務免除と同様、その額が妥当かどうかの判断基準が必要となる。実務では、2社以上の見積を取得することで、価格の妥当性が図られていると判断することが多い。

ヘ．M＆A

　事業の再構築にあたり、同業や取引先（仕入先、販売先）にスポン

サーとなってもらうケースである。特に法的整理（民事再生法）を申し立てた場合や、第二会社方式で事業を切り出した場合には、スポンサー企業の資金力・信用力で事業の継続を図ることが多い。一部門だけでも存続できれば従業員の雇用継続の可能性も高まり、地域への影響も最小限に抑えられる。ただし、債権額以上の価額で売却できれば金融機関は全額回収できるが、売却価額が債権額に満たない場合、残余について、実質的な債権放棄（企業にとっては債務免除）となる。

（5）金融機関の経済合理性

　企業再生に関する金融機関の判断基準は経済合理性だけではない。当該企業のおかれた状況、つまり地元経済における影響力も金融機関の判断に影響を与える。具体的には、従業員の数や下請けへの影響である。したがって、当該企業の継続価値＜清算価値であっても、そうした理由で金融機関が債権を放棄する可能性は十分にある。

　筆者の経験では、金融機関主導の中小企業の再生事業は、東京や大阪といった大都市圏ではなく、地方都市で実施されるケースが圧倒的に多い。これは、もちろん、地方のほうが、中小企業であっても、地域経済に与える影響が大きいという事情がある。しかし、決してそれだけではない。地方には金融機関が少ないということも大きな理由である。すなわち、大都市圏であれば、メガバンクから地域金融機関まであって、一般の企業は、数多くの金融機関と取引を持つ。金融機関の側でも、企業を取り込むよりも、多数の企業と取引することで、リスク分散を図るといった傾向が多い。その点、地方では、大都市圏に比べて金融機関の数が圧倒的に少ない。特に突出した存在感があるのは、（多くの県で）地元銀行２行であろう。うち１行に、金融機関としてはドライな対応だとの評判が立てば、顧客は別の１行と取引をしようとする。２行間のサバイバルゲームだ。健全化を進めるためにドラ

イな対応を取れば、競合相手に負けることとなり、さらに地域経済を疲弊させてしまえば、他の取引先への波及は避けられない。したがって、救えるものであれば、何とか企業を残したいという判断が下されるのである。

　もうひとつ留意すべきは、金融機関は引当金を積んだほうが債権をカットしやすいので、「破綻懸念先」よりも、さらに深刻な「実質破綻先」となったほうが、債務免除を得られやすいことである。「破綻懸念先」であれば20年かけても全額返済せよといわれるのに、「実質破綻先」であれば債務を免除してもらえるという不公平が起こりうる。

4．コロナ禍での企業再生

（1）業績悪化先への対応
①永遠の「その他要注意先」

　どの金融機関でも「その他要注意先」の社数は多い。「要管理先」以下の先と比べると、要求される引当金の割合が低いので、かなり幅広く捉えられている。先数はいっこうに減る兆しがないが、極端に増えることもない。永遠に「その他要注意先」ではないかと思われる企業群である。これらの企業は慢性病に例えることができる。

　こうした企業の典型例は、債務超過ではないものの、長年、少額の営業赤字が続く先である。過去の好調時に資本蓄積が進んだり、企業は過小資本でも経営者の個人資産が多額だったりして、法人・個人合算では資産超過という企業である。反対に、既に債務超過に陥ったが、毎年、僅かながら黒字である企業もある。この他にも、様々なパターンが考えられるが、業績不振の原因は、一過性のものではなく、地域や業種を原因とする構造的なものであることが多い。

　こうした企業は、長年、当地で営業を重ね、確固たる事業基盤を

持っていたり、また、先に述べたような相応の資産背景を有していたりして、破綻寸前にまで追い込まれることは少なく、「破綻懸念先」にはランクダウンされない。ただし、金融機関の担当者にとっては、「運転資金を貸してくれ」と言われるたびに、審査担当部門から追加資料をあれこれ要求される、とても手間のかかる先である。

　しかし、このような企業に対しても、要件さえ満たしていれば、コロナ禍における緊急融資が実行されたものと推察される。2022年5月現在、コロナ禍が始まって2年間が経過するが、景気は十分に回復したとまでは言えない。借り入れた資金が赤字資金に充当されたとすると、今までも資金繰りが厳しい状況にあったのに、返済が始まれば、さらに厳しい状況に追い込まれる。

　このような取引先については、やはり時間を取って、経営者と対話することが必要である。このままでは、不測の事態が起きても多額の支援はできかねること、さらには仕入資金や割引といった経常的な資金支援もいずれできなくなる可能性もあることを申し述べた上で、業績不振の真の原因について、社長の思うところを聴取すべきである。個人的な経験では、業績不振が続くのに抜本的な事業の変革を図ろうとしない場合、後継者問題がからんでいることが多い。事業承継に関わるコンサルティングないしM＆Aの仲介にも発展することもあるので、手間を惜しまず対応すべきである。

②急激なランクダウン先

　一方で、良好先だと思っていたのに、急激に業績が悪化する先がある。上記「永遠の『その他要注意先』」が慢性病だとすると、こちらは急性病に例えることができる。この「急激な業績悪化」という状態が、企業にとって一番危ない状況である。場合によっては「正常先」から「要注意先」を飛び越えて、一挙に「破綻懸念先」へとランクダウンすることがある。そのような先は、そのまま業績が悪化して破綻

に至ることが多い。金融機関の担当者は、窮境原因とその除去可能性を的確に判断し、必要に応じた措置を行わなければならない。

業績の急変であればこそ、原因ははっきりしているはずである。外部要因（例えば、自然災害による直接的な被害、原価の高騰、為替変動、新たな法規制の制定、主要取引先の倒産など）、内部要因（営業担当者の退職、不良品の増加、製品事故、商品開発の失敗など）に分けて判断する必要がある。コロナ禍のような外部要因は隠しようがないし、また、社長は自分の責任ではないと思っているから、本当のことを話してくれやすい。

外部要因が業績不振の原因である場合には、その除去可能性の判断が重要となる。例えば、観光などの地場産業で自然災害による被害を受けていないにも関わらず顧客が来ないというような風評被害、あるいは業界全体に対する風評被害（病原性大腸菌o157によるカイワレ大根の売上高減少や狂牛病による焼肉店の売上高減少など）は、時間が解決してくれることは理解できても、どの程度の時間が必要なのか判断がつかない。今回のコロナ禍も同様に位置付けられる。ただ、外部要因の悪化を跳ね返す強さは企業によって異なる。すぐにランクダウンさせるかどうかは、慎重に判断することになる。特に、当該地域や地場産業の苦境時に、地元金融機関が一律にドライに割り切ってしまうと、その後の当該地域における営業に悪影響が及びかねない。

真の原因が、外部要因ではなく、内部要因である場合、また、それが経営者と関わりがあればあるほど、自尊心から他の原因にすり替えて説明される可能性があるので注意が必要である。内部要因が業績不振の原因である場合、その除去可能性の判断自体が困難である。経営者との意思疎通を図った上で、必要であれば、専門家の紹介や金融機関のネットワークを利用した情報提供などの協力をする。

「破綻懸念先」になれば、担保や明確な引当がなければ、基本的に

融資することができない。飲食店や旅館、パチンコ店などの現金商売の場合、普段は資金繰りが厳しくないが、急激に売上が落ち込むと、不動産担保でもなければ対処のしようがない。したがって、従業員を解雇したり、店舗を閉鎖したりすることになるが、退職金や解雇予告手当、さらには退店費用が必要となり、その資金捻出に苦慮することになる。逆に現金商売でない場合には、何らかの債権を担保に準じた扱いとすることで、融資することが可能である。

　当該企業が大切な取引先で、さらにはこの経営危機が経営責任とは無関係な要因により引き起こされたものであるなら、メインの金融機関は、支援する方向で知恵を絞ることになる。しかし、いずれ破綻が避けられないということであれば、突発破綻を避けることが最重要課題となる。体力があるうちであれば、従業員に退職金の一部でも支払うことができる。

　さらに「破綻懸念先」が「実質破綻先」となる場合には、支援が一層難しくなる。営業を継続していても、延滞が6カ月以上続いたり、利払いもできなくなったりすると「実質破綻先」となる。回収モードにスイッチが完全に入れ替わる状態である。金融機関内部では融資管理部門へと所管換えとなる。再生を支援したくても、融資ができないので、できる手段は限られる。この時点で「これ以上は支援できません」と、債務者に通告する必要がある。こうした金融機関からの通告に、素直に了承してくれる債務者は皆無だろう。債務者からは、「今、こういった手を打ったので、少し待ってもらえば好転する」という抗弁が出ることが予想される。しかし、そういった事態も全て織り込んだ上で、機関決定したのであれば、「残念ですが…」と断らざるを得ない。必ず複数で、上席とともに、全身全霊で理解してもらう。金融機関の担当者としては、一番辛い仕事である。

　特に問題となるのは、手形の割引や、L/C（信用状）の開設である。

「実質破綻先」となると、通常、こういった支援が困難となる。どうしても支援を続けるということであれば、割引については手形の成因を確認し、さらには銘柄を厳選することで実行することとなる。L/Cについては、送金で対応するしかない。

　融資ができない場合には、例えば担保処分の際に、最低不可欠の必要資金について控除を認めることもやむを得ない。小売業や飲食店で店舗を閉める際に、退店費用の一部について控除することなどである。従業員の当月給与、原状回復費用、残リース精算費用、仕入代金などは、売上が立つことによって初めて支払えるものである。したがって、こうした費用の存在を認めないと、赤字店舗だからと閉店しても、ますます資金繰りが厳しくなる。

　突然、不渡り手形が発生すれば、取引先の連鎖倒産も覚悟しなければならない。先にも述べたが、どこかの時点で最終的な判断を下すことも必要となる。償却手続まで考慮すると、最終的には法的整理も必要である。相応の規模の企業が民事再生法を申立てると、裁判所への予納金や弁護士費用も数百万円から1千万円を超える。また、従業員は、日々の生活を支えるために働いている。最低限、未払い給与が発生しないようにしたい。そういった資金を確保するとなると、必要資金は相当な額になるので、資金が尽きるまで営業を続けることは、周囲に迷惑をかけるだけになる。最悪の場合でも、突発破綻を避けるよう指導していくことが、地域金融機関の使命である。

　「実質破綻先」にランクダウンした段階で、信用貸出部分の100％に当たる引当金を積んでいることになる。したがって、「破綻懸念先」であった時と比較して、さらに思い切った再生手法を使うことが可能となる。具体的には債権を再生ファンドに売却したり、第二会社を設立したり、あるいはM＆Aで他社に売却することで、企業あるいは事業の再生を支援することができる。

たとえ一部門だけでも存続できれば、従業員の雇用継続についての可能性も高まり、地域への影響も最小限に抑えられる。業種にもよるが、今一度、再生目線で事業を見直し、生き残れる部門がないか、金融機関内部の専門部隊とも連携し、検討すべきである。

（2）コロナ特例延長への対応

　コロナ禍が続く中、コロナ特例による1年間のリスケの延長申出を受けるケースも多いと想定される。こうした場合には、合実計画を策定する際の考え方と同じように判断すればよい。すなわち、協議会の基本要領と同様に3年以内の営業黒字化、債務超過解消まで5年（最長10年）以内、債務超過解消時点での要償還年数10年が可能かどうかの判断である。合実計画の条件を満たすと判断されるような先であれば、支援しても差し支えない。コロナ禍に限らず、大規模災害や世界的な不況の影響で、一時的に返済ができなくなることは致し方ない。経営者本人を起因とするものではない要因で業績不振に陥った場合に、返済を止めて様子をみることは金融機関の務めであるといってよいだろう。

　しかし、いつまでも返済猶予を続けるわけにもいかない。とはいえ、業績好転の見込がなく、上記条件を達成できない先に、返済再開を迫っても、無い袖は振れない。したがって再々延長にも応じざるを得ない。

　その際、リスケ期間中は新規融資に応じることは難しいことを伝える必要がある。新規融資を受ける可能性を残すか、返済を止めて資金を貯めるか、どちらが有利か、経営者とよく話し合うべきである。もちろん、約定どおりでなくても致し方ない。たとえわずかな金額でも、返済があるかないかでは、金融機関との今後の付き合い方が変わる。

　なお、そうした企業の多くは、過去から業績が不振だった先である

と思われる。単純に返済猶予の延長をすんなり認めてしまうと、期限の利益を改めて与えることになる。したがって、そうした先にはリスケの延長＝期限の利益の付与をできるだけ短期間に区切ることが大切である。従来１年間のリスケを実行していた先に対し、再延長は６カ月に留め、その間の計画が未達成ならば、さらに次回の延長は３カ月とする。こうして、細かくモニタリングを行うことで、突発破綻に対するリスク軽減を図ることが必要である。そして、その間は回収モードに入らない。それでも資金繰りが改善せず、事業の継続性に問題が生じるような事態に陥れば、回収に取り掛からなければならない。

　ここで留意すべきは、債務者が資産隠しなど、反社会的な行動に出ていないかということである。例えば、自宅を妻女名義に変更したり、不動産に第三者の権利を登記したりすることである。特に、箱モノと称される旅館・ホテル、あるいはゴルフ場といった施設は、担保処分に対抗し、いくらでも妨害行為が可能である。たとえ法的に債権者の権利行使が認められるとしても、妨害行為にあった際の時間と費用の無駄は馬鹿にできない。

5. 回収

　債権というものは、時間をかければ劣化する。再生可能性がないと判断せざるを得ない場合、金融機関の担当者は、自金融機関の債権が劣化する前に、回収を急がなければならない。まずは定石どおり、任意による担保処分を進めることとなる。

　例外的に、ある程度の期間、営業の継続に目をつぶってもよいケースもある。例えば、不動産を所有しない飲食店である。たとえ金利にも及ばない額ではあっても、最低限の回収ができるのであれば、廃業させるより、一定期間事業を継続させるのが得策だ。潰れてしまうと、

回収額はゼロになってしまう。

　ただし、油断してはいけない。同じブランドの店があちこちにでき、調べてみると、いつの間にか新会社が設立され、旧会社とは何の資本関係もないという事案が見受けられる。また、黒字だからという理由で営業を継続していた店舗が、ある日突然、看板を付け替えるようなこともある。調べてみると、従業員の作った新会社が引き継いでいるというパターンだ。黒字店舗の営業権を同業者に売却できれば、いくらかでも回収できるのに、銀行の承諾を得ることなく新会社で生き延びようという作戦だ。社長を問い詰めても「旧来の会社では調達できないので、従業員がそれぞれ出資して新会社を設立した。こちらで稼げば、きちんと返済する」と返される。では、新会社が保証人になって欲しいと依頼すると、「それはできない」と返される。

　人間として相手を信用することは大事だが、相手も家族・従業員・取引先と多くのものを抱えている。人生を賭けている経営者に相対峙するのだから、こちらも全力でぶつかる必要がある。先の飲食店の例で言えば、明らかに相手が不正をしていることに気づいたのなら、スイッチを切り替えるべきである。お客様モードから、回収モードにスイッチが入ったのなら遠慮はいらない。多額の不良債権を抱えれば、金融機関のほうが破綻するのだ。中には貸手責任を問われる事例もあるだろうが、普通に考えれば、返さない借り手に責任はある。金融機関の担当者は、自社のために最善を尽くすべきである。

　しかし、誠実な先については、金融機関側も親身になって応対したい。延滞したからと言って犯罪者ではないのだから、後々トラブルになるような言動は慎むべきだ。また、相手は面談の際、やり取りを録音していると覚悟しておくこと。そして、いくら紳士的な社長でも、金融機関側の言動に腹に据えかねるとなれば、表沙汰にされる。

　相手は、今まで親しく付き合ってきた長年の取引先だろう。どこま

で厳しくすればよいのか、その頃合が難しい。ただ、難しく感じる必要はない。金融機関に勤務する者としてではなく、社会人としての常識で判断すればよい。迷ったら、上司はもちろんのこと、先輩、同僚、あるいは家族にでも聞いてみればよいだろう。「それは少し相手がかわいそうかな…」と言われるのであれば、やりすぎだと判断できるだろう。

　過去において、金融機関が取引先の破産を申し立てた事例はほとんどない。放っておいても、金融機関の支援の有無に関係なく、いずれ破綻に至るという場合がほとんどなのだ。ズルズルと判断を先延ばしすることで、経営者が周囲から資金を無理に調達し、結果として被害者を増やしてしまうような事態にでもなれば、担当者の罪は大きい。

　「○○銀行さんには迷惑をかけたけど、本当に世話になりました」。潰れた先の経営者からこう言ってもらえることも、金融機関の担当者にとっては勲章である。

中小企業診断士　津田　敏夫

第2章

サービス業

ラーメンチェーン
～不採算店舗の撤退に着眼することで抜本的な再生計画が実現～

1．再生の着眼点

・売上至上主義からの脱却
・現場力の再評価
・不採算店舗の撤退

2．事例企業の概要とフレームワーク

（1）事例企業の概要

　株式会社A社は大阪府南部地域を拠点にラーメン店（32店舗）、つけ麺専門店（10店舗）、冷凍つけ麺販売店（2店舗）の合計44店舗を運営する企業である。創業は1976年で大阪府堺市に1号店をオープンした。その後順調に発展し、2007年にセントラルキッチンを建設、2015年に新業態であるつけ麺専門店を2017年に冷凍つけ麺販売店を開業した。

　現状の財務状態について、直近3期分（コロナ前）のP/L、B/Sは図表のとおりである。P/Lについて、売上原価率は適正だが、販売管理費比率（特に人件費率）が高いため、営業利益率が1.5％と黒字企業の平均である5％と比べて異常に低い。

　B/Sの状態は自己資本比率が約18％であり非常に低い。また、キャッシュフローに関しては減価償却累計額を加味すると問題はない。

■図表1 A社のP/L推移

（単位：千円）

	2018年3月期 （40期）	2019年3月期 （41期）	2020年3月期 （42期）
売上高	2,868,697	2,781,852	2,802,239
店内売上	2,813,205	2,712,236	2,704,180
店頭売上	39,473	36,598	59,614
その他	16,019	33,018	38,445
売上原価	828,707	795,360	786,382
（うち減価償却費）	10,282	10,770	9,252
売上総利益	2,039,990	1,986,492	2,015,857
売上総利益率	71.1%	71.4%	71.9%
販売管理費	1,994,509	1,955,643	1,974,652
人件費	948,698	920,126	944,556
その他経費	1,045,811	1,035,517	1,030,096
（うち減価償却費）	121,358	121,481	119,126
営業利益	45,481	30,849	41,205
営業利益率	1.6%	1.1%	1.5%

■図表2 A社のB/S推移

（単位：千円）

	2018年3月期 （40期）	2019年3月期 （41期）	2020年3月期 （42期）		2018年3月期 （40期）	2019年3月期 （41期）	2020年3月期 （42期）
現金預金	303,270	395,936	570,475	仕入債務	55,240	56,344	57,935
売掛金	883	3,134	3,647	短期借入金	670,999	643,370	649,173
棚卸資産	54,125	62,161	56,489	1年内返済長期借入金	670,999	643,370	649,173
その他	52,922	58,405	57,087	その他流動負債	107,514	113,316	142,690
流動資産	411,200	519,636	687,698	流動負債	833,753	813,030	849,798
有形固定資産	1,433,966	1,389,977	1,325,627	長期借入金	1,137,607	1,197,263	1,256,094
建物・付属設備等	2,711,066	2,776,270	2,800,762	長期借入金	952,349	894,998	888,385
工具,機械,車両	478,674	487,685	482,121	その他	185,258	302,265	367,709
土地	213,480	213,480	213,480	固定負債	1,137,607	1,197,263	1,256,094
その他	53,381	53,098	51,584	負債合計	1,971,360	2,010,293	2,105,892
減価償却累計額	▲2,022,635	▲2,140,556	▲2,222,320	資本金	88,688	88,688	44,160
無形固定資産	25,749	20,843	18,880	資本剰余金	4,876	4,876	49,404
投資その他の資産	537,919	512,436	507,847	利益剰余金	374,320	375,121	383,440
保証金	377,116	357,728	354,998	自己株式	▲8,252	▲8,252	▲8,252
長期貸付金	67,160	67,160	67,160	有価証券評価差額	▲22,158	▲27,834	▲34,592
その他	93,643	87,548	85,689				
固定資産合計	1,997,634	1,923,256	1,852,354	純資産合計	437,474	432,599	434,160
資産合計	2,408,834	2,442,892	2,540,052	負債・純資産合計	2,408,834	2,442,892	2,540,052

（2）窮境要因

　最大の窮境要因はコロナウィルスの影響で全体の売上高が約15％減少したことが原因ではあるが、真因は以下の点にあると考えられる。

① 　本部機能の拡大ばかりを重視し、店舗機能を軽視したため、既存店の売上高、利益率がコロナ前から徐々に減少しており、貢献利益ベースでの赤字店舗が散見されていたこと

② 　既存店の売上高減少を、新規業態の店舗拡大で補おうとしたこと

③ 　新業態のマーケティング調査が甘く、予想どおりの収益が得られなかったこと

④ 　結果として不採算店舗が数多くでき、営業利益率が１％となり、黒字企業平均の５％より大幅に減少したこと

⑤ 　撤退基準が不明確なため、不採算店の撤退ができなかったこと

（3）目指す姿

　目指す姿としては、売上高重視思考から利益重視思考へ変更することと、撤退基準を明確にすることで、不採算店舗を削減し営業利益率５％を達成することである。

■図表3　A社の目指す P/L 関連数値

（単位：千円）

	2019年3月期	2020年3月期	2021年3月期予想		2022年3月期目標
売上高	2,781,852	2,802,239	2,229,144		1,800,000
売上原価	795,360	786,382	644,295		450,000
売上総利益	1,986,492	2,015,857	1,584,849		1,350,000
販売管理費	1,955,643	1,974,652	1,851,253		1,260,000
営業利益	30,849	41,205	▲ 266,404		90,000
営業利益率	1.1%	1.5%	▲ 12.0%		5%

3．再生計画の策定と提案のポイント

（1）本業支援のポイント

　本業支援のポイントとして、以下の点が重要であると考えられる。

①利益重視の体制への転換

　不採算店舗を撤退し、利益重視の体制に転換することを経営者やステークホルダーに理解いただくことが不可欠である。一般的に経営者は自社の店舗を自分の子供の様に感じる方が多く、店舗の閉店に対し抵抗感を覚える場合が多い。この傾向は、創業者の場合、より顕著に表れる。

　また、従業員の異動・解雇を実施する場合や、賃貸物件でありデベロッパーと契約を締結している場合、また金融機関も次項（2）で述べるとおり難色を示す場合が多い。

　これらの理由で不採算店の撤退を進められず、本来「スクラップ＆ビルド」を行わなければいけないところが、結果的にA社のケースのように「ビルド＆ビルド」を繰り返す企業が数多く存在する。

　これらを解消するポイントとして、当事例では図表4のようなマトリックスを作成し不採算店舗の見える化を行うことで理解していただくことができた。

　マトリックスの縦軸はFLR比率を、横軸は直近の貢献利益の伸び率を表している。FLR比率とは飲食店経営において重要な比率で、F（フード）食材費、L（レイバー）人件費、R（レント）家賃の売上高に対する割合である。

　一般的に、A社のような数十店舗のチェーン店でセントラルキッチンを保有している企業規模の場合、FLR比率の平均は65％とされ、75％を超えると貢献利益の黒字化は困難であるといわれているため、縦軸の原点は75％と設定している。横軸は、当事例ではコロナ前の2

■図表4　不採算店舗の見える化

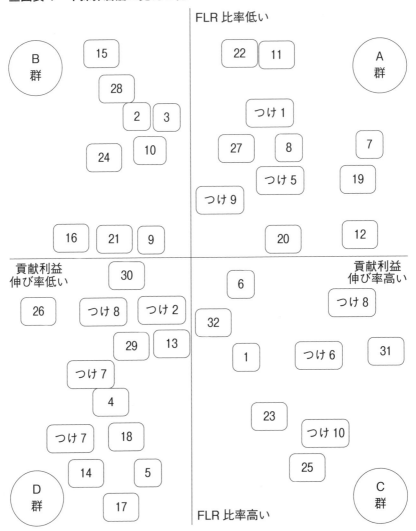

FLR 比率低い

B群　15　22　11　A群

28

2　3

24　10

つけ1

27　8　7

つけ5　19

つけ9

16　21　9　20　12

貢献利益
伸び率低い　30

26　つけ8　つけ2　6　貢献利益
伸び率高い

29　13　32　つけ8

1　つけ6　31

つけ7

4

23

つけ7　18　つけ10

14　5　25

D群　C群

17

FLR 比率高い

カ月間の貢献利益の伸び率を使用し原点を0％とした。A社において
は、「D群」に該当する13店舗のうち、8店舗の撤退を決定した。

②既存店の収益力向上

　収益力の向上策といえば、売上高の向上に目が行きがちであるが、
すぐに効果が表れる経費の抜本的な削減を行うべきである。当事例で
は、以下の対策を行った。

イ．本部機能への過度な集中を改め各店舗の店舗力（現場力）を向上させる

　しかしこの方策にも問題があり、一般的に現場から本部人材に登用
された人材を再度現場に異動させることで、本人のモチベーションが
下がってしまうことが懸念される。解消策として、現場に異動しても
らう従業員全員と個別面談を実施し、本人の納得を得られるよう説明
を行った。

ロ．セントラルキッチンの効果を発揮させる

　セントラルキッチンの古い設備を一新することで、人員を2名削減
でき、作業効率の向上に繋げられる。効率化を図ることにより、店舗
の材料費が削減され、粗利益率の向上が期待できる。

ハ．経営陣の覚悟を示す

　当事例では本社ビルを撤収し店舗2階の空きスペースに本社機能を
移転させたことなどにより、経営陣の企業再生に対する本気度を従業
員に見せることができた。

（2）金融支援のポイント

　金融機関は撤退戦略を行うにあたって、以下の理由から難色を示す
場合が多い。

- ・売上高が大幅に減少するため、返済原資がなくなる
- ・撤退費用（当事例では6,000万円）などの追加融資が必要となる場
合が多い

■図表5　A社の再生計画の一部

主要施策	何をどこまでするか	目標値		期限	担当
2. 原価費の軽減					
工場製造原価	1. 工場集約による管理コストの低減	a) 集約による管理職社員の削減	5,040千円/年	2021.3	
	2. 麺製造ラインへの設備投資による生産性の向上	a) 熟成ライン導入による人件費削減	9,900千円/年	2021.10	
		b) 上記1、2に関する移設費及び設備投資費（2年10カ月での回収）	41,800千円		
店舗製造原価	3. 米飯関係（RTE）の商品を工場製造から店舗製造へ変更することによる原価削減 ※配送頻度削減に続く	a) 工場出荷額ー店舗製造原価差額	10,000千円/年	2020.12	
3. 経費削減					
	1. 人件費削減 希望退職による人件費の削減	a) 希望退職者15名	45,600千円/年	2021.5	
		b) 退職金会社負担額	25,000千円		
	2. 一般経費削減 インソーシングによる経費削減	a) 半数の店舗の入金・両替機を撤廃	10,350千円/年	2021.12	
		b) 店舗深夜清掃の廃止	8,500千円/年	2021.6	
		c) レンタルマットの廃止	3,500千円/年	2021.6	
		d) グリストラップ清掃の廃止	1,300千円/年	2021.6	
		e) サンプル保守の廃止	600千円/年	2021.5	
		小　　計	24,250千円/年		
	営業消耗品費の削減・用途変更	a) 割箸のリサイクル箸への変更	5,300千円/年	2021.3	
		b) お子様用おもちゃ提供方法変更	3,800千円/年	2021.2	
		c) ラーメン八尾店広告看板廃止	300千円/年	2021.2	
		小　　計	9,400千円/年		
	本部移転による賃料（駐車場含む）の削減	a) ラーメン堺本店2階空きスペースへの移転	16,500千円/年	2021.3	
	配送頻度を減らすことによる配送費の削減	a) 毎日配送から2日に1回へ減便	12,000千円/年	2020.12	

・B/S上の資産が減少するため、より一層財務状態が悪化する場合が多い（当事例では債務超過になるリスクがあった）

　今回の事例に関しては、金融機関の理解を得られ、以下の支援を受けたことで、再生支援を順調に進めることができた。

■図表６　不採算店舗撤退のアクションプラン

【17号店の撤退計画】

	1	2	3	4	5	6	7	8	9	10	11	12	担当
デベロッパーへの告知	○												社長
居抜き購買者を検索	○	○	○	○	○	○							専務
スケルトン費用の見積取得					○	○							担当役員
厨房機器の移動							○						店長
スケルトン工事開始							○	○	○				
社員の人事異動方針の決定					○	○							担当役員
個別面談の実施					○	○							専務・店長
アルバイト・パートへの告知						○							担当役員

・18カ月間の元本返済の免除
・6,000万円の追加融資の実行

（3）計画策定のポイント

　計画策定のポイントとしては、図表５（計画書の一部抜粋）に示すとおり、効果をできるだけ数値化し、責任者名、期限を実行者と協議の上、決定することで、実行可能性が高い計画を作ることに注力した。

（4）計画実行のポイント

　当事例の計画実行のポイントは、戦略的にネガティブかつ最も労力を伴う不採算店舗の撤退の実行である。以下に示すとおり、図表６アクションプランを策定する際に、アクションをできる限り細分化し、計画内に織り込むことで、着実に実行へと移すことが重要である。

4．計画の進捗

　当事例では計画策定までで筆者の支援は終了した。計画の進捗に関

しては形骸化した進捗会議ではなく、計画が達成できていない時は「なぜ？なぜ？」と深く真因を追求するような身になる会議を開催することを提案している。まだ計画実行に入ったところであり、今後のコロナウィルスの状況により計画の延期が必要になる可能性も想定されるが、この計画を実行することで再生できると考えられる。

　しかし、当事例の特殊要因ではあるが、A社にも通常に申請していれば飲食店休業支援金が最低でも5億円（6万円×25日×8カ月×40店舗）入ると思われる。これにより財務状態が改善されることで、当再生計画が実行できなくなることが懸念事項としてあげられる。

中小企業診断士　原　伸行

1 飲食業

飲食・コンビニ複合事業体
〜 M&A による業態転換に着眼し抜本的な
企業再生が実現〜

1．再生の着眼点

・不振の外食事業から安定成長が見込める中食事業への転換
・経営承継支援型制度融資の活用によるM＆Aの実施
・フランチャイズシステムを活用した短期間での事業転換

2．事例企業の概要とフレームワーク

（1）事例企業の概要

　本事例はM＆A活用により、経営不振に陥っていた企業（下記①）の再生と、事業継続を模索するものの後継者問題を抱えていた企業（下記②）の課題を解決した事例である。

①株式会社猪名川

　本社：大阪市、設立：2011年6月、代表取締役社長：森上氏45歳。
　コンビニエンスストア（以下CVS）加盟10店舗と、外食（居酒屋）加盟3店舗を運営。社員：15名（平均年齢34歳）、取締役：3名。
　年商は約22億円、直近2期連続で営業赤字、自己資本比率は4％。

②株式会社スマイル

　本社：豊中市、設立：1985年4月、代表取締役社長：山辺氏75歳。
　中食フランチャイズ（下記③）加盟10店舗を運営。社員：7名（平均年齢52歳）、取締役：3名。

年商は約4.8億円、営業利益は0.1億円で、自己資本比率は18％。

③**中食フランチャイズチェーン本部（以下FC本部）**

設立：1980年6月、全国約1,000店舗を展開。

日本のフランチャイズチェーンは1970年代に黎明期を迎え、1980年代には様々な産業においてフランチャイズチェーンが勃興した。そんな中、当該FC本部も設立され全国チェーン店網を構築した。

コロナ禍においても中食に対する需要は底堅く、新たに生じた巣ごもり需要を取り込み加盟店売上は堅調に推移している。

■図表1　中食・外食消費内訳推移

	2005年	2010年	2015年	2020年
中食（調理食品）	34.4%	36.1%	37.5%	49.1%
外食	65.6%	63.9%	62.5%	50.9%

出所：総務省「家計調査」「総世帯」「消費支出」のデータを元に作成

図表1のとおり、徐々にではあるが食事のトレンドが外食から中食へと移行しており、コロナ禍においてそれが加速し、消費内訳が拮抗するところまで変化している。

コロナ禍の終息とともに外食への回帰が予測されるものの、中長期的なトレンドとしては中食に比重が移っていくと考えられる。

このような背景もあり、中食FC本部の優先課題は増加する需要に対応できる次世代を担う加盟店の発掘であり、合わせてFC本部設立当初に加盟した70歳前後のオーナーの世代交代を円滑に進めることであった。

2000年初頭頃までは、親族が後継者となり店舗を引き継ぐケースが多くみられたが、少子化や仕事に対する価値観の多様化等、社会的な変化もあり減少傾向にあるため、FC本部は新たな事業承継方法には柔軟に対応している。

（2）窮境要因
①株式会社猪名川
イ．外食事業部門

　かねてから営業不振状態が続いていた外食事業部門の売上は、コロナ禍によりさらに悪化し、営業時間短縮協力金や雇用調整助成金の特例等の打ち切り後は収益化が見通せない状況となっていた。

ロ．CVS 事業部門

　オフィス立地の店舗が多いため、リモートワークや時短営業の煽りを受けて損益分岐点を下回る月が増加し、年間を通して営業損失が生じていた。今後もリモートワークや働き方の多様化等の影響を受けることから収益のV字回復は期待できない状況であった。

②株式会社スマイル

　中食フランチャイズ加盟店専業の同社はコロナ禍においても営業黒字を確保し、売上的にも安定しているが、後継者不在がかねてから問題となっていた。

　社長の山辺氏が75歳であることから、代表者の連帯保証等について金融機関から不安視されるようになり、事業を継続するための契約等においても支障が出はじめていた。

　山辺社長には後継を託す親族はおらず、また社内にも経営を担える者は見当たらない。外部の経営人材の採用も試してみたがうまくいかなかった。

　ここ数年はメインバンクを通じて事業の売却を模索していた。

（3）目指す姿
①株式会社猪名川の視点
イ．事業のスクラップ＆ビルドによる収益力の改善

　先が見通せない外食事業から撤退し、中食事業に転換することで、

CVS 事業と並ぶ安定した収益基盤を整えて再生を図る。

ロ．強みであるフランチャイズ店舗運営ノウハウの活用

　一見、異業種に見える CVS と外食事業ではあるが、いずれもフランチャイズ加盟店として経営に参画しており、フランチャイズ本部のブランド力、経営ノウハウ、店舗運営マニュアルに基づいて店舗運営を行うという面では共通点が多い。

　また、地域に密着した店舗運営で差別化を図るという面においても共通しており、株式会社猪名川の強みと考えられる。

ハ．事業ポートフォリオの再構築

　CVS 事業単独では景気動向に左右されやすいというだけでなく、ブランド力の浮沈が株式会社猪名川の経営に直接的に影響を与えるため、経営の安定は望めない。そこで、異業種のフランチャイズ加盟店を運営することで、景気や業態力の影響を軽減し、安定した企業経営を実現する。

②株式会社スマイルの視点

イ．負債、連帯保証の承継

　銀行借入や機器のリースについて、ほとんどが法人の保証に加えて代表者の個人保証が条件となっており、全て山辺社長が対応していた。事業承継を進めるには全ての負債及び個人保証の承継が最低限必要な条件となっていた。

ロ．継続勤務を希望する社員、パート・アルバイトの雇用継続

　役員3名は山辺社長と経理担当の妻、そして社外役員1名で、事業承継が実現した場合は退任する意向であった。一方、店舗の運営を担当している社員7名とパート・アルバイト約120名は継続雇用を前提に、給与等福利厚生においては現状維持以上とすることが事業承継の条件となる。

3．再生計画の策定と提案のポイント

　株式会社スマイルの株式会社猪名川への事業譲渡（M＆A）による両社の課題解決が計画の全体像である。

（1）本業支援のポイント

　株式会社猪名川が外食事業から撤退し、株式会社スマイルの中食事業の買取りというM＆A実行に向けたマッチング支援を進める上では、株式会社猪名川、株式会社スマイル、FC本部、金融機関4者間の利害関係を調整し取りまとめることが本再生計画提案のポイントであった。

イ．株式会社猪名川と株式会社スマイルとのM＆Aに関する条件の調整

　M＆A実行に向けた株式譲渡基本合意書の試案を作成し両社と調整の上、合意を得た。

　基本合意書の内容は、本合意の目的、株式の譲渡内容、株式の譲渡承認、株式会社猪名川による株式会社スマイルへの企業精査（デューデリジェンス）の実施、金融機関への保証解除に関する事項、役員退職金等の扱い、M＆A実行後の役員の派遣、人材交流、善管注意義務、競業避止、本計画解除条項等で取りまとめられている。

　これらの項目の中で、特に調整が必要であったのが、売却金額の算出と金融機関及びFC本部への代表者連帯保証の取扱いであった。

　売却金額の算出にあたっては、株式会社スマイルの山辺社長から出された要望は売却額云々ではなく、残る従業員の雇用の継続と福利厚生等に重きをおかれていた。従業員については、もとより継続雇用を前提に株式会社猪名川の森上社長も考えており、待遇面も同等以上の条件提示を行うことで合意に至った。売却金額については権利金といった、いわゆるのれん代の要望はなく、ほぼ無償譲渡となった。

　代表者連帯保証の担保として抵当権が設定されていた自宅について

は、その解除が条件となるとともに、それに代わる担保資産の提供が金融機関から求められ、森上社長の個人資産で対応することで合意した。

ロ．FC本部との調整

フランチャイズ加盟店事業を他社に譲渡することは多くのフランチャイズ契約において禁じられている。M＆Aによる会社全体の譲渡であっても、代表者の変更や連帯保証人の変更については、フランチャイズ本部の承認を得る必要があった。

この承認が得られなければ、M＆A自体が暗礁に乗り上げることになる。そこで、事前にFC本部の承認に必要な条件確認やプロセスを明確にした。

FC本部が最も懸念したことは、40年にわたり同事業を通して築いてきた株式会社スマイルとの信頼関係の承継である。ロイヤリティや食材の支払遅延がなく、安定した店舗オペレーション力は山辺社長のリーダーシップと実行力、それを支持する社員の存在なくしてあり得なかったことなので、権利関係の交渉以前の懸念事項であった。

そこで、本M＆Aには移行期間を設けた。3年間は山辺社長が株式会社猪名川の取締役として残留し、連帯保証も引き続き行い、この3年の間に森上社長とFC本部との新たな信頼関係づくりに協力することとしたのである。

また連帯保証人の変更も、10店舗それぞれの契約更新時に1店舗ずつ実行するということでFC本部の了承を得た。契約更新は3年ごとなので、この3年間の移行期間中に全ての店舗の連帯保証人が森上社長に入れ替わることになる。

ハ．両社のメインバンクとの調整

株式会社猪名川のメインバンクに今回の計画を説明し、事業承継支援資金の調達を申し出て了承を得た。

以前、居酒屋事業を継続するための運転資金の融資を申し込んだ際

は収益改善が見通せないことから難色が示されていた。しかし、今回は事業承継をバックアップする自治体の支援制度を利用した融資で、信用保証協会の保証付きであることから当初から前向きな反応で、M＆Aに必要な満額の資金が実行された。

　株式会社スマイルの融資先金融機関については、森上社長のCVSの運営ノウハウや人材育成といった経営手腕に期待するところがあり、個人資産についても負債の担保としては不足がなかったので、今回のM＆Aには前向きな対応を得ることができた。

（2）金融支援のポイント

　株式会社猪名川のメインバンクから満額の資金調達が受けられたことがポイントであった。事業承継支援型融資申請は、株式会社猪名川と株式会社スマイルが連携して申請書類を作成し提出した。外食事業から中食事業への転換が承継企業である株式会社猪名川の経営にどのような影響をもたらすのか、M＆A後の想定する貸借対照表、損益計算書、キャッシュフロー計算書及び事業計画を基に補足説明を行った。

　計数計画（抜粋）は図表2のとおり。

■図表2　株式会社猪名川（承継企業）の計数計画（抜粋）

（単位：千円）

項目	直近期	移行1年目（計画）	移行2年目（計画）
売上高	2,200,000	2,460,000	2,460,000
営業利益	▲30,000	30,000	33,000
当期利益	▲12,000	20,000	22,000
簡易CF（当期利益＋減価償却）	▲11,280	26,000	28,000
金融機関債務残高	40,000	62,000	53,000

※金融機関から新たに事業承継支援型融資制度を活用して3,000万円（1年間元利返済据え置き）の借入を行ったため移行後計画は金融機関に対する債務残高が増加している。

（3）計画策定のポイント

　通常のM＆Aの利害関係者に加えて、今回の事例ではFC本部の承認を得る必要があった。そこで株式会社猪名川と株式会社スマイル両社でそれぞれ対応すべき事項を洗い出し、スケジュール化して共有を図った。

（4）計画実行のポイント

　中小企業庁が2017年9月に発表した「中小企業・小規模事業者におけるM＆Aの現状と課題」によると2025年までに70歳を超える中小企業経営者のうち約半数の127万社が後継者未定となっている。

　こういった背景もあり、小規模事業者であっても事業の売却を希望する企業は後を絶たない。また成長戦略の中核にM＆Aを据え成長を目指す企業や、事業のポートフォリオの転換を図り再生を目指す企業が増加している。

　こういった両社をマッチングさせ、両社とそれぞれの金融機関、そして今回の場合はFC本部の利害を調整しながら、どの参加者にもメリットが享受できるスキームを整えることが今回の計画実行の最重要ポイントであった。

4．計画の進捗

　3年間の引継ぎ移行期間中ではあるものの収益状況については事業計画で想定した範囲内に収まっており、計画にはなかった新規出店も実現し成長に向けた手応えを感じている状況である。

　社員の融合については企業風土の違い等から生じる問題があり、都度課題設定を行い対処している状況である。しかし、山辺社長が取締役として残留したことで、旧株式会社スマイルの社員やパート・アル

バイトの安心感に繋がり、退職や拒否反応が生じるといった大きな問題には発展していない。信用補完の意味合いが強かった山辺社長の残留が人的な面でもプラスに働き円滑な承継が進行中である。

中小企業診断士　大槻　哲也

酒場・ビヤホール
〜既存店舗の店舗力強化に着眼し
抜本的な再生が実現〜

1．再生の着眼点

・既存店舗の店舗力（収益力）改善
・新規事業／店舗における売上・収益獲得

2．事例企業の概要とフレームワーク

（1）事例企業の概要

　A社は、和食居酒屋2店舗、イタリアン1店舗、焼肉店1店舗の計4店舗の飲食店を運営する企業である。法人設立から約10年の企業ではあるものの、社長は業界内において幅広い人脈を形成しており、常に周囲の情報や変化に対するアンテナを張り巡らせている。そして、新たな事業の可能性やニーズを機敏に察知することで、積極的に事業拡大を進めてきた。直近では、新型コロナウィルスの感染拡大のタイミングで、宅配弁当事業及びEC販売事業への新規参入を開始した。

　コロナ前の直近期の財務状況は、売上高が84,692千円、営業利益は▲1,227千円、助成金収入及び台風被害による保険金受取により経常利益は6,853千円であった。また、総資産は24,155千円、純資産が▲2,779千円と債務超過に陥っていた。さらに、現預金残高12,235千円に対し、短期借入金5,844千円、長期借入金11,337千円という状況であった。

（2）窮境要因

　A社の特徴として、ドミナント戦略（地域集中戦略）を採用しており、また観光施設や球場などのインバウンドや観光客に依存しやすい店舗立地であることがあげられる。窮境要因としては、新型コロナウィルスの感染拡大の影響を大きく受け、客数が大幅に減少したことである。

　しかしながら、先述のとおり、新型コロナウィルス感染症拡大前から債務超過に陥っており、厳しい経営状況に置かれていた。その要因は以下のとおりである。

① 　既存店舗が営業利益ベースで赤字である。事業基盤が未成熟な段階であるにも関わらず、新たな店舗展開を進めており、事業存続のため十分な収益を確保できる体制が構築できていないこと。

② 　同業他社比較で売上高に対する従業員数が多く、人件費に対する認識に改善の余地がある。飲食業で目安とされるレイバーコスト（人件費比率）30％を超過するなど、人員配置に非効率な点が見受けられること。

■図表1　A社の損益計算書（実績／予想）

	2018.2期 7期実績	2019.2期 8期実績		2020.2期 9期実績＋予測		改善前予測 2022.2期 11期実績＋予測		改善後予測 2022.2期 11期実績＋予測	
勘定科目名	金額	金額	前年比	金額	前年比	金額	前年比	金額	売上比
売上高	73,332	84,692	115.5%	90,100	106.4%	139,527	154.9%	142,678	100.0%
売上原価	24,004	24,350	101.4%	26,171	107.5%	41,901	160.1%	42,847	30.0%
売上総利益	49,328	60,341	122.3%	63,929	105.9%	97,626	152.7%	99,830	70.0%
（人件費）	29,110	34,872	119.8%	36,796	105.5%	50,769	138.0%	47,665	33.4%
（一般管理費）	27,741	26,685	96.2%	34,946	131.0%	48,185	137.9%	48,185	33.8%
販売費及び一般管理費	56,864	61,569	108.3%	71,742	116.5%	98,954	137.9%	96,187	67.4%
営業利益	▲7,536	▲1,227	16.3%	▲7,813	636.8%	▲1,329	17.0%	3,643	2.6%
営業外収益	4,398	8,753	199.0%	1,174	13.4%	1,177	100.3%	1,177	0.8%
営業外費用	743	671	90.3%	757	112.8%	905	119.6%	905	0.6%
経常利益	▲3,881	6,853	▲176.6%	▲7,396	▲107.9%	▲1,057	14.3%	3,915	2.7%
税引前当期純利益	▲3,984	6,853	▲172.0%	▲7,396	▲107.9%	▲1,057	14.3%	3,915	2.7%

③　シフト管理や従業員のフォロー、新規事業に向けた営業活動など、社長が横断的に業務を担っているため、業務負担が大きく、経営に注力できていないこと。

（3）目指す姿

　本事例の目指す姿として、既存店舗の店舗力（収益力）改善を最優先事項とした。具体的には、既存店舗は営業赤字であるため、売上向上及びコスト削減により、業界平均の営業利益率2.6％を目標とした。

3．再生計画の策定と提案のポイント

（1）本業支援のポイント

①既存店舗の営業赤字からの脱却

　A社では、既存4店舗全てにおいて営業赤字であることが判明した。そのため、以下施策により店舗力の強化を図った。

イ．販売商品の分析による客単価の向上

　2013年の日本政策金融公庫「外食に関する消費者意識と飲食店の経営実態調査」によると、飲食業の店内飲食の夜間平均単価は、平日で平均3,825円、土日祝日で4,214円であるのに対し、A社は約3,150円であった。そのため、一定周期でのメニューの見直しや、商品分析マトリックスを活用し、粗利益率の高い料理の販売や注文点数の増加を通じて、客単価の向上を目指した。

ロ．シフト管理による人件費の最適化

　A社では、平日・土日祝日の繁閑の区別なく、常時従業員の希望を優先したシフト作成が行われており、一定数の従業員がシフトに入ることが常態化していた。飲食業におけるレイバーコストは30％程度が目安とされているが、A社においては約33％となっており、各店舗の

■図表２　商品ラインアップ分析表

店舗	メニュー	2019年度				2020年度				変化率	コメント
		販売点数		粗利益		販売点数		粗利益			
A店	つくね(たれ焼き)	1500	点	128	千円	2500	点	213	千円	66%	
	つくね(チーズ)	900	点	97	千円	900	点	97	千円	0%	
	ポテトフライ	1200	点	325	千円	1000	点	271	千円	▲17%	
	なん骨の唐揚	600	点	205	千円	300	点	103	千円	▲50%	
	〜	〜		〜		〜		〜		〜	
	〜	〜		〜		〜		〜		〜	

■図表３　商品分析マトリックス

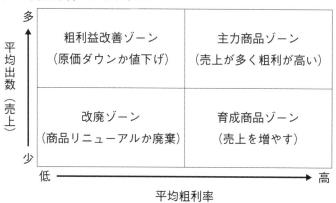

個別損益計算書における営業赤字計上の主要要因の１つとなっていた。

　そのため、レイバーコスト30％を目標とし、削減すべき超過分３％のレイバーコストを算出の上、１日当たり・１店舗当たりの削減すべきコストを割り出すとともに、繁閑の分析及び来店予想人数に応じた配置にすることで、適正人員での店舗オペレーションへの是正を図り、店舗ごとのシフトへの落とし込みを行った。

②新規事業の早期軌道化

　前述のとおり、A社はコロナ禍において、宅配弁当事業及びEC販

■図表4　シフト管理表の例

○月○日　　　　○○店

営業時間		17:00	17:30	18:00		23:30	0:00	労働時間	人件費
来店予想		5	5	15		10	0		
必要人数		2	2	3		2	1		
従業員名	単価								
社長	2,000	○						0:00	0
社員A	1,800	○	○	○	～	○	○	8:00	14,400
アルバイトA	1,050			○		○		5:00	5,250
社員B	1,700			○		○	○	5:00	8,500
アルバイトB	1,050			○				3:00	3,150
アルバイトC	1,020					○		3:00	3,060
合計		2	1	4		4	2	24:00	34,360
過不足		0	▲1	1		2	1		

売事業への新規参入を開始することとした。これらの事業を早期に軌道に乗せるに当たり、以下の施策を行った。

イ．社長の業務の権限移譲の実現

　A社に限ったことではないが、経営者は、当然ながら事業に対する想いが強く、従業員への権限移譲を行えないまま、多岐に渡る業務を抱えることにより、結果的に本来注力すべき経営そのものへの関与が不十分となってしまうケースがある。

　A社は従業員数20名程度の企業であり、経営戦略全般をはじめとし、労務管理、新メニュー開発、マーケティング、店舗管理などのあらゆる業務を社長が横断的に行っていた。特にシフト管理や従業員のフォロー、採用などの労務・教育管理面や、計数管理面などの社長に対する業務負担が大きく、社長自らが目配りすべき業務の優先順位が下がり、期待どおりの収益を獲得できない状況が続いていた。

　そこで、A社は営業赤字かつ債務超過に陥っており、このままの状態が続けば、事業継続そのものが困難となることを貸借対照表・損益

■**図表5　スキルマップの例**

等級	評価内容	評価
5等級	複数店舗を任せられる	5・4・3・2・1
4等級	1店舗なら任せられる	5・4・3・2・1
3等級	指導があれば店舗運営を任せられる	5・4・3・2・1
2等級	部下の管理・指導ができる	5・4・3・2・1
1等級	店舗実務ができる	5・4・3・2・1

計算書の客観的事実から現実問題として認識してもらうことで、労務管理・計数管理を主とした業務に関して店長クラスへの権限移譲を進め、社長自身が会社全体の経営や新規事業における営業活動に目配りできる体制を構築することにした。

　また、A社では社長の右腕となる人材が不在であったため、管理者候補の育成方法として、簡便的なスキルマップを作成し、育成の目安とするとともに、これを従業員評価に反映させることで、評価基準の明確化を図った（図表5参照）。

ロ．プッシュ型のプロモーションチャネルの構築

　A社は複数業態の店舗をドミナント戦略により展開しており、新規事業／店舗を含む相互送客効果を最大化するため、SNSを活用した新メニューやキャンペーンなどの情報発信を行った。また従来は紙ベースのショップカードを作成し、来店客に配布していたが、オンライン顧客管理ツールの活用によるスタンプカードの作成・クーポンの配信を行うこととした。来店予約についても同ツール内で実施することにより、電話対応の時間が削減できるとともに、意図せぬタイミングで業務を中断する機会が減少した。配信クーポンについては、閲覧者側のクリック数の実績確認も実施できることから、どのような施策がより顧客に対して魅力的・効果的であったかという分析にも有用である。

　これらの仕組みは、1からシステム構築を行うことなく、無料から

始められる既存ツールの導入で実現できることから、導入時の金銭面における障壁も低く、中小規模の企業での活用にも適している。

ハ．マニュアルの整備

A社は学生バイト及び20代の若手社員が中心の従業員構成となっており、社長を除くと勤続年数が最長でも6年程度と経験年数が浅いため、人材育成が十分に行われておらず、オペレーションが均一化されていないことが課題であった。そこで、属人化しているスキルや知見を、組織そのもののノウハウやナレッジとして蓄積するため、動画マニュアルの作成を試みた。動画マニュアルは、視覚から情報を得られることから学びも楽しく、作成も短時間かつ容易であり、さらに経験や国籍に関わらず、短時間で効果的な教育が実施できるため、大手ファストフード企業等でも多く導入されている。

大手企業が導入するサービスは、一定の初期費用・月額費用が発生するケースが多いため、中小企業においては、手始めとしてスマートフォンによるビデオ撮影により試験的に導入し、効果を検証する手法も有用である。

新規事業では社長が中心として営業活動や体制構築を図っていたため、このタイミングで動画マニュアルを作成することで、後々の従業員教育への活用も期待できる。

（2）金融支援のポイント

先述のとおり、A社はコロナ前において既に債務超過であったため、金融機関からの資金調達において、担当者及び決裁権者の理解を得るためには、実現可能性の高い計画を社長とともに練り、事業計画として落とし込みを行うことが必要不可欠であった。

従前より、収支計画の社員への共有は行っていたものの、この目標に対する具体的な行動計画への落とし込みが不十分であった。また、

営業赤字・債務超過という状態に陥りながら、どの程度の資金が不足しており、どの時期にどの程度の資金が必要なのか、という点に関しても把握が不十分な状況であった。飲食業という特性上、一般顧客を対象としていることから、回収は都度実施できており、支出に関してもまとまった資金が必要となることはないが、日々の食材仕入や月々の給与支払などに関して、慢性的に資金が不足する状況であった。

　当事例では先述のとおり、既存4店舗全てが営業赤字であり、改善すべき点が明白であったため、店舗別・月別に改善計画を策定することによって、経営改善までの具体的な道筋とフォロー体制を示し、融資に漕ぎつけた。

（3）計画策定のポイント

　A社では、経常利益に応じて賞与を支給し、従業員へ利益還元する仕組みを構築していた。しかし、従業員は高校・大学生や20代を中心とした若年層が多いため経験も浅く、目標達成のための行動計画への落とし込みが不十分であった。そのため、安易に「売上○倍、利益○倍」などの全体目標のみを掲げるのではなく、正社員を中心とし1人ひとりへの行動計画への落とし込みを行うことで、各人が自分事として捉える意識及び役割分担を明確にし、各人の事業運営に対する参画意識を高めることで、実現可能性の高い計画策定を行うとともに、組織力の底上げを図った。

（4）計画実行のポイント

　A社では、従来から定期的に全社員を対象としたミーティングを実施していた。この成果により、経営理念が浸透し、社長への信頼も厚く、結束力も強い一方、全社的に計数管理に対する意識は低い状態であった。

そのため、計画実行時において、社長、店長及び幹部を対象とした月例会議を開催し、試算表をベースとした店舗ごとの月次予実算管理を行うほか、月次単位での数値目標の達成状況の確認、達成状況に応じた目標の軌道修正を粘り強く繰り返し、新たな目標設定を習慣づけることとした。A社の場合、社長が率先し新規事業／店舗への進出を図っており、事業展開の速度も速いため、月次単位で適切に変化を捉え、対応策を練ることはより効果的であった。

4. 計画の進捗

　従来から財務状態が芳しくない中、コロナ融資により資金調達ができたこと、上述した経営改善支援により現在も事業を継続している。また、社長自らが常に外部環境の変化に機敏に対応し、デリバリーやEC事業など、ニーズに則した事業拡大への嗅覚を備えていたことも、事業を継続できている要因の1つである。

　コロナをきっかけとしたデリバリーやEC事業は売上が好調であるものの、既存店舗に関しては、大人数の宴会需要は完全には回復しておらず、今後、アフターコロナを見据え、A社の課題であるヒトを中心とした経営資源の再配分が必要となる可能性を孕んでいる。

　飲食業はコロナにより大きな打撃を受けており、雇用調整助成金や休業支援金により資金面では一時的に潤っているものの、コロナの収束によりこれらの制度も徐々に廃止されるため、未だ予断を許さない状況である。既存店舗の店舗力は改善の兆しが見られるものの、今後事業の集中と選択を迫られる可能性も十分にあり、引き続き注視が必要である。

中小企業診断士　原　伸行

2 宿泊業

旅館業
～ハード、ソフト両面の徹底した見直しと
　　　チームでの支援で大幅な収益改善に成功～

1．再生の着眼点

・利用客が満足するとともに収益を確保するためには、ハード（設え、清潔さ、安全性、使い勝手のよさ等）、ソフト（もてなし、料理等）の両面からチェックし、それらを全て改善することが不可欠である。

・特に設備については重要な視点となる。安全性や衛生面の観点から修繕の必要度合いを2、3段階に分類し、損益計画で試算されるキャッシュフローを睨みながら設備投資計画を立案する（マイナスをゼロにする設備投資）。一方、資金上可能であれば、顧客満足度を高め客単価を増加させる攻めの設備投資も検討する（ゼロからプラスを生む設備投資）。

・旅館の規模、価格帯や立地等旅館の仕様やコンセプトに応じた販売チャネル戦略を構築する（インターネット販売は万能ではない）。

・旅館は慢性的な人員不足の業態である。しかし顧客へのサービスレベルを維持・向上させるためには、派遣スタッフ等一時的なサポート要員に頼るのではなく自社従業員で対応できる体制を整えたい。それが実現できる受入れ客数や労務管理の在り方を検討する。

2．事例企業の概要とフレームワーク

（1）事例企業の概要

　株式会社うみとり館は、A県の県庁所在地B市から乗用車で約2時間のところにある海端の温泉リゾート地に立地している旅館である。雄大な海の景観を活かした客室は全て離れ（12棟、全棟に露天風呂を有する）となっており、食事処を併設している。

　経営陣は代表取締役、妻（大女将）、長女（若女将）の3名である。長女は後継者として経験を積むべく再生の先頭に立って奮闘している。

■図表1　株式会社うみとり館の概要

開業	2004年
資本金	10,000千円
従業員数	（再生着手時・2019年度）社員13名、パート5名 （直近決算期・2021年度）社員12名、パート6名
年商	（再生着手時・2019年度）110,000千円 （直近決算期・2021年度）145,000千円

（2）窮境要因

①収益が確保できる客単価が設定されていない（客単価の伸び悩み）

　2008年のリーマン・ショック、2011年の東日本大震災や当地を襲った様々な天変地異の影響を受け需要が伸び悩み、思うような価格設定ができていない。

②平日対策、オフ対策が講じられていない（季節、曜日変動が大きい）

　開業時に県内の有力企業への営業を実施し、宿泊客からさらに他の会社幹部へ評判が広がったが、平日に休みを取ることができない人が多く、多客期（週末、連休、年末年始、盆等）に予約が集中している。一方、平日やオフシーズン対策が講じられておらず経営効率が悪い。

③慢性的な従業員不足

　勤務が不規則であること、また、都会から離れたところに立地するため、採用活動を行っても応募者が少なく、慢性的な従業員不足に陥っている。

④過大な借入金と設備投資不足

　上記の原因により当初予定していた収益を上げることができず、金融機関は借入金のリスケジューリングに応じているが、元金返済や金利負担が重く、その結果、設備の修繕が十分に行われていない（図表2参照）。

■図表2　2019年度決算期の概算数値

（単位：千円）

①売上高（宿泊、日帰り、飲料、売店等）	110,000
②営業利益	▲6,000
③支払利息	6,000
④経常利益	▲8,000
⑤減価償却費	19,000
⑥簡易CF（④＋⑤）	11,000
⑦金融債務	250,000
⑧現預金	7,000

（3）目指す姿

①客単価の向上

　利用客目線でハード、ソフト両面を見直し顧客満足度を高めるとともに、季節や需要に基づいた価格設定（レベニュー・マネジメント）を行い、客単価を向上させる。

②季節・曜日変動の平準化

　ターゲットを特定の時期・曜日しか休めない層から、平日でも利用

が可能な層（例：事業主、シニア）にも拡大する。そのため販売チャネルの見直しを進め、季節や曜日の変動を少なくする。

③現従業員で運営できる体制の構築

上記①・②の取組みに加え休館日を設定することで、現場運営（オペレーション）の効率化、平準化を図り、新規採用ができなくても利用客の満足が得られる体制を構築する。

④必要修繕の洗い出しと実行

当社は事業開始後10年が経過し、施設内の各所に経年劣化が見られた。経営者を始め全従業員の目視により修繕箇所を洗い出すとともに、取引金融機関の理解を得ながら、借入金の返済よりも設備投資を優先させる。

3．再生計画の策定と提案のポイント

（1）本業支援のポイント

①損益改善に向けた提案

イ．客単価の改善

近隣地域の同等ランクの宿泊施設の価格を宿泊予約サイトの掲出内容から分析し価格相場を把握。当社は相対的に低い単価が設定されていたため、単価アップを図ることとし、ハード・ソフト両面から単価アップに見合う見直しを提案した。

ハード面においては、12棟の客室を総点検。設備の劣化状況を全て洗い出し、修繕・補修箇所を明確にする。一方、ソフト面については筆者が利用客として宿泊し、改善項目を提示する。

ロ．レベニュー・マネジメントの実践

価格設定の指標を、「平均客室単価」（ADR：Average Daily Rate）と「客室稼働率」をかけ合わせた「販売可能な客室1室当たり売上」

（Rev.PAR：Revenue Per Available Room）での管理を提案した。一般的に、このADRと客室稼働率はトレードオフの関係にあると言われている（客室単価を上げると客室稼働率が下がる、またその逆）ため、両者の均衡点を見出す必要がある。それがRev.PARである。当社の場合は既述のとおり従業員数が慢性的に不足していることから、客数や客室稼働率よりも客単価やADRをいかに上げるかに主眼を置く。

ハ．試算表を活用した主要勘定科目の統制

　比較的支出額の大きい売上原価（食材、飲料仕入等）、人件費（役員報酬、給与手当、雑給、社会保険料、福利厚生費等）、営業関連経費（旅行会社・宿泊予約サイトへの支払手数料、広告宣伝費、接待交際費等）及び水道光熱費（電気、ガス、水道、燃料費等）に着目し、変動費として管理。業界の指標と照らし合わせ、その水準を定める活動を提案した。

②季節変動の平準化に向けた提案

イ．ハイグレードな宿泊施設に特化したサイトの活用

　従来の販売チャネルは、自社HPや電話による直接予約、宿泊予約サイト大手からの受注が中心であった。当社は、一般的に富裕層と考えられる顧客の利用が定着し、その評価も高いことから、ハイグレードな宿泊施設の販売に特化したR社などの活用を提案。事業主等、曜日を問わず旅行を楽しむ客層の予約促進を図る。

ロ．ハイグレードな旅行商品を手掛ける中堅旅行会社との提携

　百貨店の外商客を扱い少人数かつ高単価な旅行商品を企画する会社との提携を提案。時間や金銭にゆとりのある客層の予約を目指す。

③現従業員で運営できる体制の提案

　定休日を設けて従業員の休日に充てることで、現行の従業員数でも運営できる体制を提案した。

④必要修繕の洗出しの提案

　客室内の修繕・補修個所を始め館内全体の設備をチェックし、修繕

箇所を洗い出して優先順位を付けることを提案した。実施にあたっては工事業者等から見積を入手し、実施するための具体的な必要金額を把握する。

（2）金融支援のポイント

A県中小企業再生支援協議会と連携。まず収益の改善を優先し5カ年の暫定計画を策定、取引金融機関（メイン地方銀行、政府系金融機関、A県信用保証協会）に提示した。取引金融機関へは経年劣化が著しい箇所の設備投資の実施、計画2年目までの返済猶予、3年目以降について返済原資（税引後当期利益＋減価償却費－設備投資額）の60％から70％の返済予定額（金融機関別返済予定額は別途定めた基準日ベースの有利子負債残高に基づくプロラタ方式）の提示及び計画期間中の借入金利率の現行水準の維持を要請した（全金融機関より計画の同意を得る）。

（3）計画策定のポイント

①計画書自体が経営者の履行マニュアルとなるよう作成（PLAN→DO）

債権者である金融機関に理解され、かつ経営者にとってもその日から履行マニュアルとして活用できるシンプルかつ具体的な内容とした。既述の本業支援のポイントと策定した計画書の項目を図表3にまとめた。また各項目の実行担当者を決め、いつ誰が実行するか計画表を作成した。

②計画の履行状況が明確となり修正ができる体制（CHECK→ACTION）

四半期ごとに会議を開催、出席者は経営者や経営者が指名した従業員、関与専門家及び取引金融機関とした。計画の履行状況や損益を確認（モニタリング）し、発生した問題点をその場で解決する体制を織り込んだ。

■図表3　本業支援に向けた計画内容

本業支援のポイント	計画書の項目
①損益改善に向けた提案	
イ．客単価の改善	ハードの改善（具体的な改善項目） ソフトの改善（具体的な改善項目）
ロ．レベニュー・マネジメントの実践	営業会議の方法 ・実績の把握 ・先行予約状況の共有と対策の方法 ・商品造成（価格設定を含む）の方法 ・販売促進カレンダーに沿った活動 ・客単価、ADRの改善の方法
ハ．試算表を活用した主要勘定科目の統制	原価統制 販売費・一般管理費統制 ・担当者名、統制する勘定科目、方法
②季節変動の平準化に向けた提案	新規顧客への新たな取組み
イ．新たな宿泊予約サイトの活用	活用する新たな宿泊予約サイト名
ロ．ハイグレードな旅行商品を手掛ける中堅旅行会社との提携	ターゲットとする旅行会社名
③現従業員で運営できる体制の提案	営業日の見直し
④必要修繕の洗出しの提案	設備投資理由、金額、実施時期

③数値計画の考え方

　現行の損益（今までの結果）を基本に、改善に向けた具体策を講じることができる項目（実行可能なもの）に絞って立案した。

イ．売上高計画

　現行の従業員数で対応ができるよう休業日を確保した。そのため客数は伸ばさず客単価やADRを上げる計画とした。

ロ．売上原価、販売費・一般管理費計画

　支出額が比較的大きい売上原価、人件費、営業関連費及び水道光熱費については変動費として位置づけ、売上高に対する比率を定めた。また業界水準（一般社団法人日本旅館協会「営業状況等統計調査」を活用、同協会の HP に公表されている）と照らし合わせて比率が高い科目については改善目標を織り込んだ。その他の勘定科目は支出状況を経営者からヒアリングしながら現行水準を基本に設定した。

（4）計画実行のポイント

①若女将でもある長女の事業承継を視野に入れた支援

　本件においては事業継承を睨み長女に経営改善の旗振り役を担ってもらった。データを読みながら合理的に施策を考える営業スタイルを実践。経営改善が進むにつれ経営に対する意欲も向上した。

②ハードの改善とソフトの見直しの徹底が実り高評価を獲得

　経年劣化の著しい箇所について、計画書に沿って修繕を実行しハード面の改善を進めた。一方、ソフト面については全従業員による試食会を開催したほか、若女将である長女が細部まで従業員指導を行った。これらの取組みにより各宿泊サイトから高評価を獲得し、新規客が増え続けているとともにリピート客も増え、全体の半数以上がリピート客となった。

③得意分野を活かしたチームでの支援

　旅行市場はインターネット販売が中心になりつつあるが、インターネットでは捕捉が難しい富裕層を顧客に持つ旅行会社は厳然と存在する。これらへのアプローチについては旅行会社や旅館の勤務経験を持つ筆者の強みであり、そのノウハウを提供。百貨店の外商顧客をターゲットとする会社が反応し、高単価の企画が次々と催行された。一方、インターネット販売は宿泊事業者向けの Web 販売を支援する B 社の

助力を得た。地域相場や市場動向の情報を得て商品企画や価格設定に活かすことができた。

　1人の専門家が全てを担うのではなく、専門家や専門事業者でチームを形成し、各々の強みを活かしたサポートを行ったことが功を奏した。

4．計画の進捗

　図表5は、直近決算期の計画値と実績の概算数値及び2019年度決算期実績との差異を表している。この間、当社は新型コロナ感染症の影響を受けつつもGoToトラベルキャンペーンの波に乗り、大きく売上高を伸ばした。しかし同キャンペーンの展開期間以外においても、宿泊予約サイトの高評価による新規客の増加やリピート客により売上高をしっかり確保している。12棟の客室が独立しており、それぞれに露天風呂を有していること、食事提供も個室風であり他の利用客と接することが少ない施設であることも、ウィズコロナ時代に評価される要

■図表5　再生前と計画実行後の対比

（単位：千円）

	2021年度		2019年度との差異
	計画	決算	
①売上高（宿泊、日帰り、飲料、売店等）	125,000	145,000	35,000
②営業利益	4,000	18,000	24,000
③支払利息	7,000	9,000	3,000
④経常利益	▲5,000	19,000	27,000
⑤減価償却費	19,000	19,000	0
⑥簡易CF（④＋⑤）	14,000	38,000	27,000
⑦金融債務	250,000	280,000	30,000
⑧現預金	10,000	70,000	63,000

注：新型コロナウイルス感染症の影響を考慮し、金融債務は増加した。

主要指標	2019年度	2021年度
①営業日数（日）	320	250
②年間提供総客室（室）	3,200	2,500
③稼働客室数（室）	1,248	1,375
④客室稼働率	39.0%	55.0%
⑤ ADR（円）	80,500	92,715
⑥客単価（円）	35,000	38,000
⑦ Rev.PAR（円）	31,395	50,993
宿泊売上高（千円）　③×⑤	100,464	127,483

素があるといえる。

　図表6は計画前後の主要指標の推移を示したものである。営業日数を絞っても年間での稼働客室数は増え、客単価やADRも向上したためRev.PARが大幅に改善した。休業日を増やしても評判が上がることで利用客が増え、売上高や損益を大幅に改善することができた。

　今後、2021年度の実績値水準の確保は容易ではないが、キャンペーン実施時以外の予約状況を見ると、それに近い数値の確保は可能であると考えている。それを踏まえ取引金融機関と協議を重ねながら抜本計画の可能性を模索している。

　また、この取組みにより自信を付けた長女への事業継承のタイミングについても経営陣と検討し、永続可能な企業として基盤づくりに腐心したい。

中小企業診断士　小泉　壽宏　

2　宿泊業

旅館／飲食業複合事業
~対話を重ね、強みを引き出し、
　　　　　　　創業以来最高の売上が実現~

1．再生の着眼点

・売上の創出
・原価・経費の改善
・PDCA サイクルを回す定例会議の開催

2．事例企業の概要とフレームワーク

（1）事例企業の概要

　海田館は、江戸時代に創業し、以来250年の歴史を刻む県内でも有数の老舗に数えられる旅館である。日本海に面した港町に立地し、客室8室と宴会場を備えた旅館と、旅館から50m ほど離れた場所で営業するレストランを運営している。計画策定前の従業員数は17名（うちパート・アルバイト14名）、売上高は約100百万円で、5期連続の営業赤字を計上していた。

　社長は京都の料理屋で修業を積んだ後に海田館に入社し料理長に就任。2018年の祖父の死去に伴い、25歳の若さで事業を承継した。

　代々海田館の売りは料理であり、とりわけ地元客から港町ならではの新鮮な魚介類を活用した料理の評価が高く、地元宴会を主体として事業を営んできたが、地域人口の減少に伴い、宴会の売上は年々減少傾向となっていた。

社長が事業を承継した後、メインバンクの要請により、中小企業再生支援協議会の関与の下、事業調査及び３カ年の経営改善計画の策定に向けた打合せを開始し、また同時に経営改善にも着手。元金返済猶予での計画合意の後、伴走支援を通じて経営改善を本格的に開始した。

（2）窮境要因

①売上創出の施策不足

売上を創出するための一貫した施策がなく、その時々の思い付きで集客を行っていたため、費用対効果が得られていなかった。

②高い原価率

相見積を行わず、固定化した仲買の言い値で仕入れを行っていた。

③旅館のランチ営業とレストランのカニバリゼーション（社内競合）

昼食時間帯に旅館１階の食事処をレストランと同価格帯の商品で営業していたため、レストランと競合する上、人件費も要していた。また、旅館とレストランは仕入を別々に行っており、ムダな発注も多かった。

④加工場の稼働不足

2016年に海産物を特殊な技術で冷凍処理できる加工場を作ったものの稼働できておらず、特に仕入れが投機的になりがちなカニに原価が振り回されていた。

⑤成り行き管理

会議体がなく、経営陣の意思疎通が不十分であった。

⑥IT化の遅れ

古い精算システムを使用しており、機能上、細かな数値管理ができないほか、客室在庫一括管理システムと連動できないため業務効率も悪かった。

（3）目指す姿

P/L の改善を通じて収益力の向上を図り、元金返済を再開できる経営状態にすることがゴールである。そこへ向けた施策は次項で詳しく解説するが、概要は図表1のとおりである。

■図表1　「目指す姿」に向けた支援のポイント

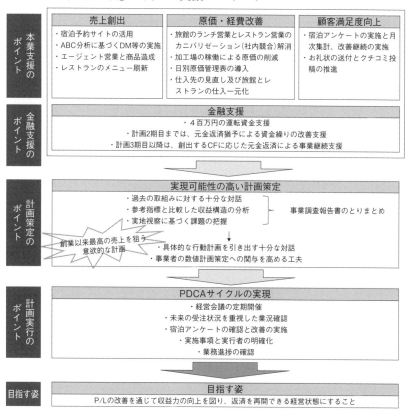

3．再生計画の策定と提案のポイント

（1）本業支援のポイント

①売上の創出

イ．宿泊予約サイトの活用とレベニュー・マネジメントの強化

　宿泊予約サイトを活用するために欠かせない、写真や表現方法の見直しを行ったほか、繁閑の差に応じた価格設定や1室あたりの収容人数を調整するなど、レベニュー・マネジメントを強化し、収益を高める工夫を行った。

ロ．ABC分析に基づくDM・メールマガジンの配信

　利用客の頻度や重要度に応じてABCにランク分けを行い、重要度の高い顧客には定期的にDMを送付し、また宿泊予約サイトの仕組みを活用しメールマガジンの配信にも取り組み、リピーターや紹介客の創出を図った。

ハ．エージェント営業と商品造成

　これまでに利用のあったエージェントへの定期的なDMの送付のほか、紹介等を通じた新規開拓営業を行い、大手旅行会社の商品造成を実現するなど、販売チャネルの多角化を進めた。

ニ．レストランのメニュー刷新

　毎日仕入れた新鮮な魚を使った刺・焼・煮・揚の日替わり4品と旅館から移管した名物のタコ丼にメニューを絞り、新鮮な魚介類を提供する本来の強みを活かした商品構成に刷新した。

②原価・経費の改善

イ．旅館のランチ営業とレストラン営業のカニバリゼーション（社内競合）の解消

　旅館のランチ営業を廃止し、旅館で提供していた名物タコ丼もレストランへ移管した。カニバリゼーション（社内競合）を解消するとと

もに、昼時間帯の旅館の人員効率化も実現した。

ロ．加工場の稼働による原価の削減

　生食ができる状態に冷凍保存できる特殊な冷凍技術を活かし、年々高騰し投機的な仕入になっていたカニを、安いタイミングで大量に買い付けて冷凍することで、原価の削減を実現した。

ハ．日別原価管理表の導入

　試算表管理では、実態把握に時間を要するため、納品書ベースの仕入高に基づく日別の原価管理表を導入し、原価に対する意識変革を促し、原価の削減を実現した。

ニ．仕入先の見直し及び旅館とレストランの仕入一元化

　県内の他の港の仲買など仕入先の開拓を進め、毎朝、今日のオススメについて仲買人から連絡が入る仕組みを構築し、良質な品を適正価格で仕入れられるようになった。また、旅館とレストランの仕入を一元化し、仕入の効率化を図った。

③顧客満足度向上

イ．宿泊アンケートの実施・月次集計・改善継続の実施

　客室に宿泊アンケートを設置し、項目ごとに点数化して月次集計することで従業員への意識改革を推進するとともに、自由コメント欄の内容の改善を継続していく仕組みを導入した。

ロ．お礼状の送付とクチコミ投稿の推進

　書道有段者の社長の強みを活かし、宿泊客へ筆で書いたお礼状を送付し感謝の意を伝えるとともに、宿泊予約サイト等へのクチコミ投稿の協力をお願いした。

（2）金融支援のポイント

　次の金融支援により計画実行がサポートされた。

・計画策定開始直前に4百万円の運転資金支援

・計画2期目までは、元金返済猶予による資金繰りの改善支援
・計画3期目以降は、創出する CF に応じた元金返済による事業継続支援

（3）計画策定のポイント

　計画策定時に最も大切なことは「実現可能性」のある計画とすることである。特に当事例の計画は、売上が計画0期から創業以来最高となるものであり、前例を踏襲しない意欲的な計画であった。このような計画を実現可能であると判断するために必要なことは、事業者と十分な対話を重ねることである。

①事業調査報告書のとりまとめ

　当事例の場合は、イ．過去の取組みに対する十分な対話、ロ．参考指標と比較した収益構造の分析、ハ．実地視察に基づく課題の把握を行い、多面的な分析から窮境要因の特定を行っている。

②事業計画の策定

イ．行動計画の策定

　事業調査報告書のとりまとめ時と同様、具体的な行動計画を引き出すための十分な対話が重要である。例えば、年々客室稼働率や客単価が増加していく計画をイメージしているなら、それをどのような行動で実現するのか？　を一緒にアイデアを出しながら、事業者が腹落ちするように対話していくといった具合である。

ロ．数値計画の策定

　事業者に数値計画の策定に関与してもらうことを重視する。当事例の場合は、宿泊部門は日別、宴会・レストラン部門は月別に、売上と原価の数値計画を積算して作成できるツールを用意し、そのツールを基に事業者に考えてもらうよう工夫している。

（4）計画実行のポイント

　計画の実行においては、PDCA サイクルを回していくことを重視している。しかしながら小規模事業者では会議体そのものが実施されておらず、進め方が分からないというケースも多い。こうした場合は支援者側が会議資料を用意し、議題の提示、会議の進行も担うことで、事業者との対話を深め有意義なものにすることができる。

　当事例においては、経営会議を毎月１回開催し、下記の確認を行いながら、次にどのような手を打っていくのかの検討を進めている。

①業況（数値）の確認

　ここで重要なのは、過去の実績ではなく、未来の宿泊客や宴会客の受注状況を確認することである。また当事例では、精算システムの刷新により、数値管理の省力化・精緻化も並行して進めている。

②宿泊アンケートの確認と改善の実施

　宿泊アンケートの内容を確認するとともに、改善の優先順位を確認している。

③実施事項と実行者・期限の明確化

　次月に向けて、誰が、何を、いつまでにやるのかを明確にする。

④前月課題の業務進捗の確認

　前月の課題進捗の確認を行い、適宜修正を加えていく。

4．計画の進捗

（1）当計画（コロナ禍前）の進捗

　打合せと同時に積極的に経営改善に取り組んだ結果、2019年8月期（計画0期）の売上高は創業250年で最高を達成した。営業利益以下も赤字計画が全て黒字転換となり、計画2期目の水準を2年前倒しで達成した。

■図表2　2019年3月策定 経営改善計画と実績

（単位：百万円）

		2017.8月期	2018.8月期	2019.8月期（計画0期）		2020.8月期*1（計画1期）		2021.8月期*2（計画2期）	
		実績	実績	計画	実績	計画	実績	計画	実績
	宿泊	31	31	37	41	39	28	41	38
	宴会	35	39	45	48	48	40	49	18
	旅館ランチ	7	7	7	7	0	0	0	0
	レストラン	27	29	32	32	38	30	40	27
	土産	0	1	1	1	1	5	1	5
売上高		100	107	122	128	126	103	131	88
売上原価		38	41	43	42	40	32	40	31
売上総利益		62	66	79	87	86	70	91	57
販売管理費計		73	80	80	81	84	83	87	91
うち減価償却費		7	8	8	8	8	9	9	10
営業利益		▲10	▲14	▲1	5	2	▲13	4	▲34
経常利益		▲8	▲8	▲4	2	▲2	▲6	1	▲12
当期純利益（税引後）		▲9	▲8	▲5	2	▲2	▲6	1	▲12
簡易CF（当期純利益＋減価償却費）		▲2	▲0	3	10	6	3	9	▲1
期末現預金残高		2	1	5	14	6	24	10	20
金融機関借入金		155	158	162	162	162	187	162	207

＊1）コロナ禍のため2020年4月に特例リスケジュール計画に移行。表内の計画値は、2019年3月策定の経営改善計画の計画値を記載

＊2）コロナ禍のため2021年5月に事業再生計画に移行。表内の計画値は、2019年3月策定の経営改善計画の計画値を記載

（2）コロナ禍後の進捗

　翌2020年8月期（計画1期）も、2020年1月までは順調に推移していたものの、コロナ禍となり、同年4月に25百万円のゼロゼロ融資の運転資金支援を受けることができ、特例リスケジュール計画へ移行することとなった。しかしその後、大きな転機が訪れることになる。

　近隣にある年間90万人が訪れる観光モールに入居する飲食店の撤退が決まり、海田館に居抜入居の打診が来たのである。この（新）飲食店出店により、大幅な収益改善が期待できることから、金融機関団に相談したところ、従来からの経営改善に取り組む姿勢に加え、コロナ

■図表3　2021年5月策定 事業再生計画

（単位：百万円）

	2022.8月期 （計画1期）	2024.8月期 （計画3期）	2026.8月期 （計画5期）	2031.8月期 （計画10期）	2041.8月期 （計画20期）
	計画	計画	計画	計画	計画
売上高	140	184	184	184	184
売上原価	45	60	60	60	60
売上総利益	95	124	124	124	124
販売費及び一般管理費	102	110	110	110	110
うち減価償却費	9	8	8	8	8
営業利益	▲7	14	14	14	14
経常利益	▲8	11	10	10	10
当期純利益	▲8	10	10	6	6
簡易CF（当期純利益＋減価償却費）	1	18	17	14	14
金融支援後の実態純資産額	▲47	▲38	▲19	13	40
期末現預金残高	18	26	35	40	74
期末金融機関借入金残高	207	190	164	100	0
CF倍率	163.4	10.0	9.5	7.2	0.0

禍前に過去最高の売上達成と黒字転換を果たしていたことが評価され、政府系金融機関から劣後ローン（20年・20百万円）による資金調達に加え、既存借入13百万円も劣後ローンに一本化（DDS）の支援を受けることができ、2021年5月に事業再生計画の合意に至った。

　2021年7月に（新）飲食店は開業したが、デルタ株のまん延により、開業当初は集客が伸びず計画よりも売上が下振れることとなったが、同年11月には、まだ観光客の動き出しが本調子ではない中でも、すでに月次の計画数値を達成しており、順調なスタートとなっている。さらに手を緩めることなく、精力的な営業活動を展開しており、今後の海田館を飛躍させる事業に育つものと期待される。

中小企業診断士　谷口 純平

デイサービス・福祉事業

～医療介護連携に着眼した抜本的な再生の推進～

1．再生の着眼点

・「訪問看護ステーション」を開設することによって医療ニーズに対応する体制を築き、高介護度の利用者への対応を可能にすることによって差別化及び顧客単価向上を図る。

・介護報酬及び障害福祉サービス報酬に加え「医療報酬」という新たな収益の柱を作る。

・医療介護連携を実現し、国が推進する「地域包括ケアシステム」の理念に沿った事業づくりを行うことによってブランド化を行い、地域からの信頼を高める。

2．事例企業の概要とフレームワーク

（1）事例企業の概要

　株式会社H社は兵庫県姫路市にある、介護・福祉事業を営む事業所である。主な事業として、高齢者介護事業では通所介護事業所及び訪問介護事業所を、障害福祉事業では放課後等デイサービス事業所及び就労支援B型作業所の運営を行っている。なお、訪問介護事業所では高齢者介護に加え障害者への居宅介護・重度訪問介護も行っている。従業員数は40名であり、うち常勤者数は10名となっている。組織図は図表1のとおりである。

■図表1　Ｈ社組織図

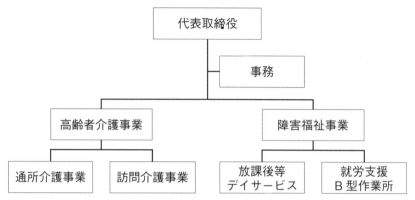

　各事業について、簡単に解説を行う。

①**通所介護事業**

　利用者が通所介護の施設に通い、食事や入浴などのサービスを受けるものである。当事業所は定員数15名、サービス提供時間８時間でサービスを提供している。

②**訪問介護事業**

　訪問介護員が利用者の自宅を訪問し、食事・排泄・入浴などの介護（身体介護）や、掃除・洗濯・買い物・調理などの生活の支援（生活援助）を行うものである。

③**放課後等デイサービス**

　６歳〜18歳までの障害のある児童が、放課後や長期休暇に利用できる福祉サービスであり、「障害児の学童」とも表現されるサービスである。

④**就労支援Ｂ型作業所**

　障害により企業などに就職することが困難な方に対し、雇用契約を結ばずに働く場所を提供し軽作業などの就労訓練を行う福祉サービスである。

当社では、「地域に密着し、介護・福祉事業を通じて皆が笑顔で暮らせる社会づくりを実現する」を経営理念に事業を行っている。当社の最大の強みは、介護事業及び福祉事業を行うことによって、イ．訪問介護事業では高齢者介護及び障害福祉サービス両者を実施しており、効率性が高い、ロ．障害福祉サービスは原則65歳で介護保険サービスに切替えになるため事業所変更が必要となるが、当社の場合は両事業を行っており一部サービスは引続き対応可能であり利用者の負担が少ない、ハ．介護及び障害福祉サービスの提供を通じて「地域共生社会」の実現に取り組んでいる企業として地域からの信頼が厚い、点である。

（2）窮境要因

　上記のような強みを生かし地元密着で業績を伸ばしてきたが、新型コロナウィルスの感染拡大によって高齢者介護事業、特に通所介護事業の利用者が急激に減少したことによって当社経営は大きな影響を受けることとなった。この原因として、「施設に大きな特徴がなく、比較的介護度の低い利用者が多い」ということがあげられる。通所介護事業所は、前述のとおり利用者が施設へ通う形態である。このため、低介護度等で利用が必須ではない利用者を中心に、新型コロナウィルスの感染拡大による外出自粛や利用者の不安感から、利用率が大幅に下がることとなった。

（3）目指す姿

　このように、当社介護事業の根本的な問題点として「介護サービスに大きな差別化要因がない」という点があげられる。このため、利用者にとって必要不可欠な存在とはなり得ずコロナ禍で顧客を失うこととなってしまった。この状況から脱するために、介護度が高い方にも

■図表２　地域包括ケアシステム

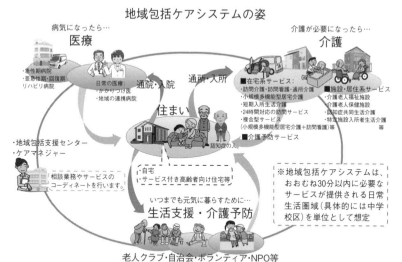

地域包括ケアシステムの姿

出所：厚生労働省ホームページ

対応でき、利用者にとって必要不可欠な施設となることが大きな課題である。

　課題解決に向けた施策を立てる際に重要となるのが「国の介護方針に沿った計画であるか」という点である。介護事業は収入の大半を介護報酬から得ており、３年に１度の介護報酬改定によって経営が大きく左右される。この改定の基本となるのが介護方針であり、方針に沿った事業は加算に、沿っていない事業は減算になる可能性が高い。

　そこで、国の指針に沿っており、かつ自社の強みを十分生かせる施策として「訪問看護ステーションの開設」を行い「医療介護連携」を推進、医療的サービスも提供できる体制を構築し、「地域包括ケアシステム」の理念を体現する事業所とする。

　地域包括ケアシステムとは、団塊の世代が75歳以上となる2025年を目途に、地域の包括的な支援・サービス提供体制（地域包括ケアシス

テム）を構築するものであり、国が強く推進している施策である。

地域包括ケアシステムについては下記参照。

　地域包括ケアシステムでは高齢者の住まいを中心に「医療・看護」「介護」及び「保険・福祉」が一体となってサポートを行う地域社会づくりを推進している。当社でも、「訪問看護ステーション」を新たに開設し、これら全てを自社で実施することによって高齢者をより手厚くサポートする体制を築き、他社との差別化を図る。

　また、医療事業として訪問看護ステーションを開設することによって、以下のようなメリットを得ることができ、当社事業の再生を果たすことが可能となる。

① 訪問看護ステーションは時間当たりの顧客単価が高く、高収益を上げることができる。

② 通所介護事業所で医療ニーズに一部対応することによって高介護度の利用者の獲得が可能となり、顧客単価向上及び利用率の増加が図れる。

③ 24時間看護を生かし、通所介護事業所で新たに「お預かりサービス」を実施することによって新たな収益を上げるとともに利用率を高める。

④ 訪問看護ステーションは一定の条件を満たした場合「医療保険」の使用が可能となるため、介護保険、障害福祉サービスに加え新たな収益の柱を築くことができる。

⑤ 通所介護事業所は看護師の雇用が必須であるが、訪問看護ステーションを開設することによって看護師を両事業所で兼務させることが可能となり収益性が高まる。

3．再生計画の策定と提案のポイント

（1）本業支援のポイント

　当社の2020年3月期の売上高は通所介護事業32百万円、訪問介護事業24百万円、障害福祉事業53百万円、合計109百万円であり、粗利益107百万円、営業利益10百万円であった。しかし、新型コロナウィルスの影響によって2021年3月期の売上高は通所介護事業24百万円（前年比▲8百万円）、訪問介護事業19百万円（同▲5百万円）、障害福祉事業48百万円（同▲5百万円）、合計91百万円（同▲18百万円）であり、粗利益88百万円（同▲19百万円）、営業利益▲15百万円（同▲25百万円）と大幅に減少することとなった。

　介護・福祉事業は労働集約型産業であり、仕入れや人件費以外の経費は少なくこれらの削減は難しい。このため、上記のように新たに訪問看護事業を行い「医療・介護・福祉」に対応することによって既存事業の売上高を回復させるとともに、新規事業で売上・収益を上げ企業の再生を図る。この際、新たな設備投資は最小限に抑えることによって資金負担を最小限に抑えて事業を実施する。

（2）金融支援のポイント

　当社は2021年3月期時点で長期借入金67百万円（A銀行32百万円、B銀行35百万円）であり、年間返済額は13百万円である。また現預金額が14百万円であり、直近期は資金繰り表では毎月平均▲2百万円の支出となっており資金不足に陥る可能性があることから、リスケジュールの検討も行った。しかし、独立行政法人福祉医療機構の「福祉貸付における新型コロナウィルス対応支援資金」の対象であったことから、これを利用して2021年4月に20百万円を据置3年、返済15年で新たに借り入れることができたため、この資金を基に新規事業を開設し事業

再生を行うこととなった。

（3）計画策定のポイント

　新規事業開設にあたり、既存の施設・人材を有効活用することによって設備投資を最小限に抑えることがポイントとなる。このため、訪問看護ステーションは自社事業所内の事務スペースを一部改装することによって地代家賃等を増加させることなく開設するとともに、従業員は通所介護事業所の既存看護師2名を訪問看護ステーションに移動させ、通所介護業務と兼任することで人件費の増加を最小限に抑えた開設を実施する。加えて、新規従業員として常勤者2名、パート1名雇用で人件費＋9百万円を見込む。また、通所介護事業の夜間預かりサービスは大きな設備投資は必要ないため、夜勤専従者2名（パート）雇用により人件費＋3.6百万円を見込む。これらは、2021年2月に認可取得済みであり、同年3月より事業を開始する。

　2期前（コロナ以前）、直近期、今期予測及び以降3期の予想簡易損益及び純資産額を図表2に示す。

　このように、今期で黒字化、計画2期で債務超過解消を予定してい

■図表2　簡易損益計算表

（単位：百万円）

		2020.3期 2期前	2021.3期 直近期	2022.3期 今期	2023.3期 計画1期	2024.3期 計画2期	2025.3期 計画3期
売上高	介護事業	56	43	54	58	59	61
	福祉事業	53	48	53	53	53	53
	訪問看護事業	0	0	20	25	30	34
売上高合計		109	91	127	136	142	147
粗利益		107	88	122	132	138	143
営業利益		10	▲15	2	7	12	16
純資産額		1	▲14	▲11	▲6	7	21

■図表3　計画実行に向け立ち上げた会議

会議名	参加者	内容
経営会議	部長以上 外部専門家	施策及び経営数字のモニタリング 改善提案、実行報告
責任者会議	各事業所 責任者以上	利用者情報の共有 施策の確認、報告
医療研修	介護士・看護師	医療処置等の研修会

る。なお、直近期直前で繰越欠損金が8百万円あるため、計画3期に一部課税、以降は課税となる予定である。

（4）計画実行のポイント

　本事業計画の最大の目的は医療介護連携に対応し、サービス品質を高めるとともに介護度の高い利用者にも対応することである。これは、訪問看護を開設するだけで達成できるものではなく、自社の事業ドメインを「介護・福祉事業」から「高齢者総合支援事業」へと転換させるとともに、従業員全員にその意識を持たせることが重要である。そのため、新たに立ち上げた3会議（図表3）を月1回実施し、企業一丸となって事業を遂行していく。

4．計画の進捗

　2021年4月に訪問看護を立ち上げるとともに通所介護事業所での預かりサービスを開始している。2021年9月期（今期半期）で介護事業売上高26百万円（通所介護事業18百万円、訪問介護事業8百万円）、障害福祉事業売上高27百万円、訪問看護事業売上高8百万円、営業利益▲5百万円となっている。計画比では介護事業▲1百万円、障害福祉事業＋1百万円、訪問看護事業▲2百万円、営業利益▲5百万円となっ

ており、売上高はほぼ計画どおりであるが訪問看護が下振れ、また人件費がやや過剰となっており営業利益が下振れとなっている。

　しかし、訪問看護、通所介護ともに利用者数は増加してきていること、利用者の平均介護度が上がってきており平均単価が向上してきていることにより、今期の着地では目標数値を達成できると予測している。また、資金繰り表では単月黒字の月も出てきており、事業は順調である。

　しかし、当社再生計画は始まったばかりであり、３年後には新規借入の返済も始まり返済負担が増えることから、今後もモニタリングを継続し計画を実現させるとともに報酬改定を含む業界動向に十分な注意を払い事業を行っていくことが重要である。

中小企業診断士　福田　侑摩　

4 不動産業

住宅分譲販売業
〜段階を踏み、仕込み案件への新規貸金取組みで 資金繰り改善〜

1．再生の着眼点

・分譲事業は回転型ビジネスモデルであり、事業として大きなリスク
　を抱えていることを踏まえた対応をとる。
・B/S再生に留めず、P/L再生に踏み込むことで、事業を前向きに進
　める支援となり、支援企業の理解や協力が得やすい。
・不動産の売却情報や有効活用情報の「情報収集力」、様々な法的制
　限等を受ける個別不動産の価値を上げるための「開発企画力」、値
　段だけではない提供価値を付加した「販売力」の3つの力を強化する。

2．事例企業の概要とフレームワーク

（1）事例企業の概要

　B社は、大阪地区南部に本社を構える不動産業者であり、主に、住
宅分譲・リフォーム開発事業を行っている。昭和の創業でバブル時代
も事業展開しており、販売員も正社員として抱える、従業員数十人の
会社である。
　B社のような住宅分譲販売業の特徴は、高額商品を扱う回転型ビジ
ネスモデルであり、以下の3つのリスクがある。
①　土地（素地）の購入（仕込み）から、販売までの開発期間が長期
　　にわたるため、数年後の販売リスク（需給市況・金利・税制）を抱

えている。

② 投資に多額の資金負担がかかり、資金繰りリスクを抱えている。

③ 様々な法的制限や、多くの利害関係者の調整を必要とする開発リスクを抱えている。特に、取扱額や利益が高額となるため、利害関係者とのトラブルとなりやすい業界でもある。

（2）窮境要因

B社が窮境状況に陥った要因は次のとおりである。

① 事業を拡大するために多くの借入と在庫を抱えていた時に、景気の急激な悪化により、金融機関からの借入が厳しくなり、販売を続けていくための資金が得られなかったこと。

② 景気の先行き見通しが不透明で良くなる気配がなかったことから、購入者側に住宅ローンを借りてまで住宅を購入する意欲が減退し、住宅販売売上が減少したこと。

③ 当面の運転資金確保のため、高値で仕込んだ土地や当時の建築費投資が回収できずに売れ残った戸建住宅やマンション等を無理をして処分し、多くの損失が発生したこと。

特に上記①について、当時を知るB社の資金担当の専務は次のように発言している。

『金融緩和時期に取引銀行を増やし、潤沢な手元資金や借入枠を得られたところに、多くの不動産情報が集まっていた。条件の良い物件が多かったため、金融機関からのさらなる提案により借入金を膨らませ物件を獲得してきた。

しかし、ひとたび金融緩和が急激に縮小に転じ、貸出枠が縮小されたとたんに、金融機関からの借入が止まった。

具体的には、

・例年期末には当然のように継続してきた短期一覧払借入、通称「転

がし」の継続が、今後は同様な対応はできないと急に告げられた。

・短期での借入枠が、必要な時に必要な分だけ取組みとの条件を通告され、空き枠は全てなくなった。

・借手が自由に使えた短期の借入が、まずは、バルーン付き貸金（借入期間中に、全額を均等で返済できない場合には、期限にある程度の残債を残す借入）に、次に、全て長期の個別プロジェクトごとの約定弁済付き借入に変更させられた。

・今まで短期で無担保であった借入に担保提供を求められた。その評価額は自社で認識している額よりも、数割程度の低い評価であり、かつ、その評価額の75％までしか融資できないと通告された。

・さらに毎年、担保評価を一方的に洗い替えられ、評価額が減少すると、その不足分（減額分）を、追加担保提供か、返済を求められた。』

（3）目指す姿

「B/S再生」を目指すだけでは、従業員への給与支払・建築費等取引先への支払い・取引金融機関への利息の支払い等のために資産売却を進めるだけである。将来の販売する商品の仕込み（用地の購入）ができなければ、早晩、企業は存続できない状況になる。

そこで、B/S再生の限界を補うために、「P/L再生」として、新規土地の購入資金の融資を受けられるような取組みをすることで企業の再生を目指すこととなった。

将来の販売用物件の素地を仕入れ、"確実に"予定価格で販売することで、従業員の雇用を維持し、取引先への支払いを確保し、金融機関への返済を行える機会を確保することが再生のポイントであった。

不景気の中にある不動産販売において、"確実に"販売を実現できる保証がない中、いかに土地を仕込む資金を確保するか、それが再生

のポイントであった。

3．再生計画の策定と提案のポイント

（1）本業支援のポイント

　上記の目指すべき姿を実現するための最大のポイントは、「予定価格で販売する」ことであった。そして、その「予定価格で販売できる」ことを金融機関の審査担当に納得してもらうための、事前データの収集と、その根拠の立証がポイントとなった。

　そのためにはB社の強みを、顧客データ等を具体的な形として示し、小さな実績を積み重ねていくことで、その強みが収益を生む力になることを実証する必要があった。

　住宅分譲販売業は、商品仕入れ（仕込み）・企画開発・販売の工程が肝である。具体的には、

① 　利便性や人気のある場所の良い物件だけでなく、より多くの不動産売り情報を金融機関や仲介業者から集める「情報収集力」＝【情報力】（値の高い優良物件とともに、誰も興味を持たず値が付かない物件も含め、玉石混淆な情報でもよいので数多く集める力）

② 　開発が難しい土地（素地）でも、進入路のとり方等の様々な切り口で、役所と調整して開発を仕上げる「開発企画力」＝【目利き力】（開発の手順とともに、販売資金が得られるまでの所要期間まで見切る力）

③ 　エリア別に多くの購入希望者のニーズを熟知して、その情報をリスト化し、間取りや設備等で相場より高値でも確実に販売できる「販売力」＝【きずな力】（組織で情報を集約し更新している）

の有無が競争力の源泉である。

　B社にはこれらが相当程度蓄積されており、「強み」であると考え

られたことから、これを活かし実績をあげることをポイントとした。

　また、この業界は関連する業界が多く、すそ野が広い業界でありながら、各部門ともに高度な専門性が求められ、その専門性を連携させる総合力が必要となる業界でもある。B社の異業界との独自のネットワークを把握し理解することで、その企業の強みを活かすというアプローチも重要であった。

（2）金融支援のポイント

　先述したとおり、「B/S再生」では、取引金融機関等への利息の支払い等のために資産売却を進めるだけであり、将来の販売する商品の仕込み（用地の購入）ができなければ、早晩、企業は存続できない状況になる。そこで、「P/L再生」により新規土地の購入資金の融資を受けられるように、金融機関の社内調整が円滑に進むような調整を行うことがポイントであった。

① 　まずは、B/S再生での資産の再評価・処分すべき資産と残すべき資産の選別・処分資産の処理策の実施を行った（関与した案件に限る）
② 　残すべき資産の活用方法について、最大限高く売れる方法を再検討した（住宅以外にリフォームする、開発途中で卸売りする、他の物件と抱き合わせて販売する等）
③ 　次にP/L再生のために、自社の強みを再整理して活かした再生支援策を検討した（詳細は次項参照）。

（3）計画策定のポイント

　B社の場合、前2期で上記の金融支援ポイント①を実施したことから、売上総利益は赤字転落した。その上で、計画1期目より売上総利益を黒字化し、2期目より営業利益も黒字化を目指した。

　具体的対策は、B社の強みである、金融機関や不動産仲介業者との

■B社の再生における実績・計画推移

（単位：百万円）

	実績 2期前	実績 1期前	実績見込	計画1期	計画2期
売上高	230	250	350	400	450
売上総利益	▲50	▲120	0	50	150
売上高総利益率	▲22%	▲48%	0%	13%	33%
販売費及び一般管理費	100	100	100	100	120
営業利益	▲150	▲220	▲100	▲50	30
営業利益率	▲65%	▲88%	▲29%	▲13%	7%

リレーションによる不動産情報収集力と、今まで築き上げてきた大阪南部の特定エリアにおける顧客管理（購入希望者リスト）を活かすことであった。

　同社の販売正社員は、具体的条件を明確にした購入顧客と資金相談にまで対応していることで、世帯家族構成やその間取り、さらには購入可能金額まで把握しており、条件に合わせた販売物件を提供できれば確実に販売する力を持っていた。

　そこで、こうした自社の強みを下記の観点から再整理して活かすこととした。

　・情報収集ルートのネットワークの強化

　・住宅開発ノウハウを文章としてマニュアル化し、社内で共有

　・顧客管理情報を再整備し、どの場所でどの企画であれば、誰に販売できるかをリスト化し、用地仕込みで活用できるようにする

　再生計画では、販売員の力を発揮させるために、情報収集力により特定エリア限定での新規物件取得を行い、その売上資金によって資金繰り回復と、利益確保を目指す計画とした。

（4）計画実行のポイント

　「特定エリア限定での新規物件取得」を軸とする計画は、具体的には次のような展開となった。

　B社では既に大阪南部の特定のエリアでは、既にモデルルーム来店者情報、及び、その後のフォロー確認による購入希望者情報が整備されていた。その中で、B市C町で子育て世帯向けマンション企画で総額2,000万円以下であれば、20戸はすぐにでも販売できる購入希望者リストによる完売見込みがあった。

　たまたまタイミング良く、取引金融機関の顧客の相続が発生し、狙ったエリアで相当規模の土地売却案件が持ち上がった。B社にこの情報を提供したところ、即日に購入決断となり、併せて、土地取得費の融資申込みとなった。

　B社は既にB/S再生を進めてきており、今後の借入返済を進めるため、次のP/L再生を進めていくタイミングであった。上記のとおり、当該用地でマンションを販売すれば、総戸数20戸はすぐにでも完売できる購入希望者リストの存在も確認できたため、金融機関の社内稟議を経て融資が実行される運びとなった。

　結果は、全住戸のうち7割以上の購入者が、B社の購入希望者リストからの顧客であり、残りも、周辺から購入となり、販売日即日完売となった。マンションは「青田売り」であり、建築代は手付1割・中間1割・完成時に8割支払いの3分割払いとしていたため、資金負担が軽く、引渡し時には、約2割以上の手元資金が残った。その余剰資金を使い、当金融機関で返済猶予していた既存の借入金の一部返済を行った。

　金融機関の審査部に対しては、懐疑的な見方をされていた購入希望者リストの効果を証明することができ、かつ、B社の特定エリアでの販売力を証明できた。

このことにより、さらに購入希望者リストを使って、早期完売を狙える特定エリアでの不動産売り情報を金融機関から収集することとなり、融資を受けての物件取得の第2弾目を実現できた。本案件の販売結果は、販売開始より1カ月程度で完売となり、再度返済猶予貸付金の返済が進められることとなった。

第3弾目は、なかなか狙ったエリアでの用地情報がなかったが、B社自身が収集した情報での借入申込みとなった。第2弾目までは販売リスクを回避すべく、用地取得貸金の規模として2～3億円程度に絞っていたが、今回はその倍程度と大きい物件であった。しかし、2度の成功体験により融資を受けることができた。結果、3カ月を要したものの、購入希望者リストから7割以上の制約が見込まれた。今回は、希望エリアに合わない購入希望者にも積極的に販売活動を展開した結果であった。また、開発期間における役所折衝期間を当初予定より短縮させ、かつ、間取りにも顧客希望で設計変更可能な個所を増やしたことで、景気が不透明な中でもコストを下げて、予定価格で早期販売という順調な結果となった。

4．計画の進捗

上記P/L再生計画は見事達成でき、現在では当時の数倍もの売上と利益を確保できる企業に成長した。

その企業が持っている強みをいかに発揮させられるか、それを金融機関の審査部の信頼につなげることがポイントであった。誰も証明できない「返済の確実性」は、小さな成功を積み重ねていくことで、信頼を勝ち得て、さらなる支援の力に成長することを実感した。

中小企業診断士　山極　基隆

5 旅客運送業

タクシー事業

～エリア別の戦略を明確にし、黒字化を果たす～

1．再生の着眼点

・法的規制や営業エリアの環境動向に大きく影響される業種のため、
　営業エリア別の競争環境や採算性状況を明確にした事業戦略がとら
　れているか。
・車両数に見合った乗務員の数と質が確保されているか。また、その
　ための、適切な労務管理が行われているか。
・既存のサービスにとどまらず、高齢者向けのサービス、乗合サービ
　ス、運転代行サービスなどの地域の実情に即したサービスや、IT
　システムの導入による新サービスへの取組みを行っているか。

2．事例企業の概要とフレームワーク

（1）事例企業の概要

　当社は、地方都市に拠点を置く9つのグループ企業からなる老舗の
タクシー会社である。戦前より自動車関連サービスを営んでおり、も
ともとは自動車販売業が事業の中心であった。最盛期には自動車ディー
ラー事業を県内7拠点で展開していたが、供給元の販売網再編に伴い、
当社も自動車ディーラー事業から撤退することとなった。その結果、
供給元が所有していた販売拠点を、地元金融機関から融資を受けて当
社が買い取った。その後、不動産は随時売却していったが、10億円の

残債を抱えることとなって、財務状況が急激に悪化した。

　現在の主な事業内容は、タクシー事業である。その他、関連事業として貸切バスや乗合バス事業も手掛けている。タクシー事業では地元大手の一角を占めており、都市部から郡部と営業エリアは広く、県下に5つのタクシー営業所がある。

（2）窮境要因

　タクシー業は公共的性格を持っているため、長い間、道路運送法を中心に各種の法的規制に強く影響を受ける業界である。また、市場が縮小する中で、道路運送法が改正（2002年）され、規制緩和が図られたため、同業者との競争が激化し、全国的に極めて厳しい状況にある。なかでも、当社の所在地は、タクシーの営業収入が全国でも最低に近いレベルで、利益確保が困難な状況に陥った。

　当社は、自社にはブランド力があり顧客に選ばれているという自負を持ち、長年、何も対策を講じなかった。さらには経営上必要なマネジメント体制も未整備であったので、乗務員のサービスの質が同業他社と比べても明らかに低下し、売上は年々減少することになった。結局、ディーラー事業清算時の借入返済ができなくなったので、後述するようにメインバンクからDDSによる支援を受けた。支援実施後、計画は順調とまではいかないものの、決められた約定返済は履行していたが、コロナ禍により売上が激減し、緊急融資による資金調達を図り、事業を継続している。

（3）目指す姿

　当社で目指すべき姿は、①経営戦略の明確化を図り、経営リソースの選択と集中を図ること、②乗務員の質の向上や地域貢献に繋がるサービス開拓で地元でのブランド力を向上させ、グループ全体で売上高で

はなく収益力を向上させること、③それらを実行するために、経営数値の透明化を図り、合理的で迅速な意思決定ができる環境の整備を行うこと、と考えた。

3．再生計画の策定と提案のポイント

（1）本業支援のポイント

①エリア別の採算分析と戦略検討

　当社では、営業エリアが都市部と郡部の両方に広がり、営業所も点在している。しかしながら、エリア別の競争環境に基づく明確な戦略は検討されておらず、また収益力と比して固定費も大きかった。営業所別・エリア別の採算状況を調べてみると、半数が赤字であった。

　そのため、まず、市場環境を分析した。その上で、赤字拠点の撤退も視野に入れた各拠点別の方針策定に着手した。

②乗務員の確保と質の向上

　乗務員の高齢化及び人手不足は慢性化の状態にあり、乗務員確保は当社に限らず、この業界にとって深刻な課題となっている。当社でも60歳以上が大半を占めており、高齢化による自然減も想定すると、乗務員の確保と質の向上を図るための施策は必須であった。

③経営数値の透明化

　当社は、多くのグループ企業を有している。こうした手法は、当社だけではなく、タクシー業界全般で取り入れられているもので、分社化することで、車両が事故を起こした際の保険料率の上昇を対象企業１社に留めたり、営業停止の行政処分を受けた際に影響をその企業だけに留めたりすることができる。

　しかしながら、各社の決算期は別々で、企業間の資金の融通も行っていたので、煩雑な企業体制になり、経営実態が非常に見えづらかっ

た。そのため、経営者でさえ正確な実態を把握できていなかったので、この際、グループ企業の整理が必要と判断した。

（2）金融支援のポイント

　実質債務超過の解消並びに資金繰りの安定と借入金の計画的な返済のため、DDS による支援をメインバンクに依頼した。さらに当案件ではグループ会社の再編や不採算事業の統廃合に時間を要するため、事業黒字化までの１年間の返済猶予を要請し、了解を得た。

　同時に、事業の撤退や集約など、重要な意思決定は全金融機関同意の下で行うことや、グループ企業の集約で会社の経営実態を透明化し、さらには毎月の経営会議にメインバンクの担当者に参加してもらうことも決めた。

　また、車輛の入れ替えなどのための定期的な設備資金需要の発生も予測されるので、計画に織り込むことが必要であった。

（3）計画策定のポイント

①エリア別戦略

イ．都市部エリアの事業売却

　都市部エリアの分析を行ったところ、一定の観光客需要は見込めるものの、競合大手との過当競争となっていた。改善シミュレーションを繰り返した結果、現状の赤字幅が大きく、今後、資金不足に耐えられないと判断し、撤退を決めた。

ロ．郡部エリアでの高齢者をターゲットとした営業戦略と営業所集約

　郡部エリアでは、高齢化の進展から、病院等への通院目的での利用拡大が見込まれた。また、競合も少なく、地元での知名度もある当社は優位性を発揮できると判断した。

　そのため、営業所を集約し配車管理経費等の削減と効率化を図ると

同時に、ターゲットである高齢者利用に合わせた営業やシフト編成の検討を行うことで黒字化を目指すこととした。

②乗務員の採用と教育の強化

イ．採用へ向けた施策

世代交代を見越した採用計画を立案し、また、福利厚生の拡充、賃金改定、入社祝い金等の他社水準への改善などの採用条件の見直しを実施した。具体的には、他社の採用条件よりも、給与、入社祝い金、2種免許取得時の手当てなど、ほんの少しずつ好条件で人材を募集した。さらには、乗務員に対し、知人の入社紹介制度を作り、これも、すでに実施している他社よりも少しだけ好条件とした。

ロ．教育のための施策

朝礼の実施、マナー講習、安全講習の実施に加え、ユニフォームの刷新も行った。こうした研修は、この数年、一切、開催されていなかった。

ハ．その他

賃金は固定賃金と歩合給で成り立つが、固定部分を引き上げつつ、収益確保とのバランスの観点から、乗務員の乗務時間・待機場所のマネジメント強化を図った。

③グループ会社の決算期の統一と統廃合

できる限りグループ企業の集約を行い、さらに、集約できなかった企業の決算期を統一させた。複雑となっていたグループ間取引を整理し、経営数値の把握を正確かつ迅速に把握できる体制を整えることにした。

（4）計画実行のポイント

①責任の明確化と幹部人材による定期的な経営会議の実施

各部の責任者の範囲を明確にし、またメインバンクの担当者も交えた月1回の経営会議を実施した。役員、現場管理職で経営情報を共有

し、意思決定を行うことで、現場を巻き込んだ理念の共有を図ること
にした。

②法令、許認可等に留意した実行

　タクシー事業は、法規制の強い業界である。エリア戦略を検討した
り、グループ会社の統廃合を検討したりする際には、陸運局の許認可
の可否を考慮する必要がある。企業の再編や、乗務員の勤務形態変更
にあたっては、業界に精通した行政書士や社会保険労務士の助言も得
た。

③ IT システムの導入

　乗務員確保の問題は今後さらに深刻になることが予想され、配車の
効率化など別の視点からの取組みも必要となる。また、郡部において
も、IT を利用する団塊の世代が高齢者の仲間入りをすることで、急
速にスマートフォンの利用者が増えている。したがって、IT システ
ムの導入は避けて通れず、最新の配車システムの導入を検討中である。
今後、郡部でのオンデマンド・タクシーの導入拡大も見込まれ、IT
導入の有無で、郡部のタクシー事業者の存続が決まるといっても過言
ではない。

4．計画の進捗

　都市部エリアの事業売却は無事金融機関の同意を得られ、大幅な赤
字部門の切り離しに成功した。同時に郡部の集約・再編は、高齢化へ
のターゲット戦略の成果が出るようになった。管理強化については、
乗務員との多少の軋轢はあったが、経営者が会社の方針だとしてブレ
なかったので、現場責任者が乗務員を粘り強く説得した。以上の施策
で、大きく売上高は減少したが、黒字転換を果たした。しかし、その
直後にコロナ禍が起きた。

　もう一方の事業の柱であるバス部門では貸切バスの稼働が止まったものの、雇用調整助成金に助けられた。また、地方公共団体向け乗合バスは従来同様の売上高を確保しているので、緊急融資を受けたこともあり、現状での資金繰りには問題がない。

　今後は、顧客サービスのさらなる向上や、地域貢献に繋がる新規事業開拓で、地域密着型企業として活動することが期待できる。

中小企業診断士　津田　敏夫

倉庫業／運輸付帯サービス業

～収益性と人材活用に着眼し、業績を大幅に回復～

1．再生の着眼点

・管理会計の導入、部門別損益の明確化

・不採算部門の条件改善または撤退

・生産性向上と物流品質向上による荷主企業との関係強化

・人材の採用・定着・育成と、外注費削減

・マネジメント人材の育成

2．事例企業の概要とフレームワーク

（1）事例企業の概要

　事例企業は地方都市に本社を置き、全国に複数事業所を有し、主に食品物流における構内業務の請負と運送を行っている。社長の強いリーダーシップと、取扱高に対する料率による価格体系をベースとして業容を拡大させてきた。しかし、取扱高に対する料率の価格体系が、人件費・外注費の上昇、燃料費やトラックの価格上昇等に対応できなくなってきたこと、そして自社倉庫での借入負担が過大で、返済原資の確保が厳しい状況からP/L再生を中心に支援を行うこととなった。

（2）窮境要因

　窮境要因を外部環境要因と内部要因に分けて整理すると次のとおり

■図表　事例企業の P/L と関連指標

		N-2期	N-1期	N 期
	構内	1,128	1,100	931
	運送	683	664	595
売上高		1,811	1,764	1,526
	外注委託費	393	443	236
	運送関連費	158	129	108
	その他変動費	10	7	4
変動費（合計）		562	579	349
限界利益		1,249	1,186	1,178
	人件費	1,017	988	931
	車輌関連	62	57	58
	減価償却費	74	72	67
	その他固定費	63	55	50
固定費（合計）		1,216	1,172	1,107
営業利益		34	14	70

		N-2期	N-1期	N 期
	外注比率	21.7%	25.1%	15.5%
変動費率		31.0%	32.8%	22.8%
労働分配率		81.4%	83.3%	79.1%
固定比率		67.1%	66.4%	72.5%
営業利益率		1.9%	0.8%	4.6%

※労働分配率は、人件費／限界利益額にて計算。
※上記数値は事例企業を参考にモデル化したものである。

である。

①外部環境要因

イ．取扱商品の商品単価下落で料率による受注単価も低下した。

ロ．最低賃金の上昇、外注費（人材派遣）の上昇、燃料費・トラック
　　代金等の上昇が収益性悪化に繋がった。

②内部要因

イ．自社倉庫建設時の借入に対する返済負担が過大であった。

ロ．管理会計、部門別損益マネジメントが不十分で、改善が遅れた。

ハ．事業所長の現場改善力と事業所単位での分析・改善力が低く、赤
字事業所の収益改善が進まなかった。

ニ．人材の採用・定着が十全でなく、派遣人材に頼らざるを得ない状
況がコスト負担増に繋がった。

（3）目指す姿

①事業所別収益等の明確化

事業所ごとの収益性や生産性を明確化することで、常に事業所長が
数字に基づいて自事業所を改善できる会社にする必要がある。

②物流会議を軸とした物流パートナーとしての関係づくり

常に適切な情報を荷主企業に開示・相談し、一緒に物流課題を解決
していく物流パートナーとしての関係性を構築する必要がある。定期
的に物流会議を開催することがポイントとなる。

③物流品質と物流提案力の向上

荷主企業と信頼関係を結ぶには、在庫差異や物流事故の極小化と
いった物流品質の向上を図るとともに、より効率的・効果的な倉庫業
務や運送ルートの提案等を行っていく必要がある。

④マネジメント人材の育成

上記①〜③を推進するためには、事業所の組織運営及び計数による
分析と改善を行うマネジメント人材を安定的に排出できる人材育成の
仕組みづくりが必要である。

⑤人材の採用・定着

今後、想定される労働人口の減少と、人件費等の上昇を踏まえ、多
様な人材・多様な働き方を許容しながら、派遣に頼らず自前で採用し、

定着して働ける環境づくりを進めていく必要がある。

3．再生計画の策定と提案のポイント

（1）本業支援のポイント

①管理会計の導入

変動費と固定費に分解した管理体系への変更を最初に行った。事業所別採算を明確にし、倉庫業務や運送における生産性を評価するKPI指標を導入し、継続的に評価・改善を図ることで、不採算事業所や生産性の低い事業所を明確化し、迅速に対策できる状態とした。

②物流提案と料金体系の見直し

取扱高に対する料率による価格設定が、取扱商品の単価下落等もあり、収益性悪化の主因の１つとなっている。荷主企業に価格転嫁を認めてもらうための情報を整備の上、物流会議を定期開催する中で、料金体系の見直しを進めた。倉庫においては主に料率の見直し依頼、運送については料率から車建てへの料金体系変更を推進した。交渉にあたっては単に価格交渉を行うのでなく、より効率的な倉庫業務や運送ルート等の物流提案も同時に行った。

③不採算事業所からの撤退

上記料金の見直しを基本としながら、交渉を経ても収益化する見込みがない事業所については、赤字のまま事業を続けるのではなく、撤退の経営判断をした。

④生産性と物流品質の向上

倉庫内業務においては、ハンディ機器を活用したピッキング推進やロケーション見直し、チェック方法の改善等による在庫差異削減と生産性向上を進めた。運送については、荷主企業への配送ルート提案や、事業所単位でなくエリア単位での最適配車を進めることなどを通して

生産性向上を図った。

⑤マネジメント人材の育成

　人材採用・定着、物流品質の向上、生産性向上、収益性改善におい
て、事業所長や現場リーダーの役割は大きい。計数管理に基づく物流
品質と収益性のPDCAサイクルを回す仕組みと、各事業所での成果
や課題を相互に共有できる環境を構築した。

⑥人材の採用・定着推進と、外注費の削減

　労働集約的な事業構造であり、人時生産性は収益性に大きく影響す
る最重要要素の1つである。派遣人材（外注費）よりも、正社員はも
ちろんのこと、パート社員のほうが生産性は明らかに高く、時給は安
い。よって、人時付加価値額は派遣人材よりパート社員のほうが圧倒
的に高い状況である。以上から、派遣人材を削減し、パートを増やす
ことが、収益向上に大きく寄与する。紹介制度や採用ページリニュー
アル、採用面談の改善、定着のための職場環境の改善等により、外注
費を大幅削減しながら、収益性を高めた。

（２）金融支援のポイント

　資金繰りの安定化及び計画的な設備投資により、事業の安定した運
営を図るため、全ての取引金融機関にリスケジュールによる金融支援
を依頼した。その中で一定期間の返済猶予も依頼した。

　返済原資は予想キャッシュフロー計算書より算定されるフリーキャッ
シュフローを基に、将来損益が利益計画から乖離するリスク、予測不
能な修繕や設備投資が発生するリスクなどを考慮し、フリーキャッシュ
フローの60％の平均額を年間返済額とした。

（3）計画策定のポイント
①即時性の高い施策を優先的に実行
　短期間で成果を出すために、収益性向上に直結する施策を優先的に行った。具体的には以下の内容である。

イ．事業所別の損益表を制作し、事業所別採算を見える化した。

ロ．料金の見直し交渉を進めた。また、交渉を重ねても赤字から脱却が難しい事業所について撤退の意思決定を行った。

ハ．業務実態の把握により不要な派遣時間の削減を進めた。並行して、パートの採用・定着のための面談の工夫と職場環境の改善を進めた。優秀なパートの社員登用も推進した。社員及びパートの拡充に応じて、派遣社員（外注費）の削減を積極的に進めた。

②中長期的に業績を確保し続けるための施策
　中長期的な業績確保に向けて、次の施策を打ち出した。

イ．荷主企業との定期的な物流会議を開催し、情報共有と生産性向上、関係強化を図る。

ロ．定期的に管理職向け研修を実施し、知識の拡充を図ることとした。

ニ．倉庫内業務の品質向上のため、在庫差異削減をプロジェクト化し取り組む。

ホ．人材採用・定着の取組みについて、プロジェクト化して取り組む。

ヘ．管理職者のマネジメント力を高める PDCA 会議を定期開催する。

（4）計画実行のポイント
①事業所長等の現場マネジメント層と経営陣との共同会議開催
　社長の経験と強いリーダーシップで成長してきた会社であり、その副作用として、経営幹部・事業所長のリーダーシップとマネジメント力が伸び悩んでいる問題があった。これを解決するため、全社共通のKPI 指標の設定と、社長・経営幹部・事業所長等が一同に会して事業

所ごとの成果共有と課題解決を図るとともに、社長の考え方やノウハウを習得する機会を増やした。

②外部専門家による定期的なモニタリング

　事業所単位で、日々の実務を数字で把握し、問題点を抽出、解決のための仮説を立て、現場でそれを実行・評価・改善していく力を培っていく必要がある。社長の経験に基づく指導以外に、外部専門家による汎用性の高いマネジメント手法や、環境変化に対するアドバイスを受ける機会を月１回程度の頻度で設けた。

4．計画の進捗

　上記に取り組んだ結果、大きく収益性を改善することができた。各取引金融機関からも、業績改善状況及び取組みについて高い評価を得ている。引き続きの金融機関の支援も得ながら、より安定した業績確保と金融正常化に向けた取組みを継続していく。

中小企業診断士　佐々木　千博

第3章

卸売業

男子服製造卸売業
～在庫評価と資金の流れの見える化により経営体質を改善～

1．再生の着眼点

・商品在庫の適正な評価

・原価率の目標設定と管理体制の構築

・販路の選択と集中

2．事例企業の概要とフレームワーク

（1）事例企業の概要

　当社は男性服を扱う衣料品メーカーである。主に商社からアパレルブランド商品の OEM 生産を委託されている。また、一部では自社商品を製造し、卸売販売している。年商は約 6 億円。従業員数は10名で、東京の他に大阪に事務所を構えている。扱う商品はシニア層向け商品で、単価は高い。定番商品が多く、流行による変化はあまり受けない特徴がある。

　社内には主要取引先出身者が営業担当として勤務しており、主要取引先との関係は概ね良好である。また、社内には社長の長男、次男が勤務しており、将来は長男への事業承継を検討している。

　中国に製造を担当する子会社があり、通常の工場では難しい特殊加工を得意としている。製造についてはこの子会社の他に、中国国内、日本国内に外注先を有している。中国で製造された製品は中国にある

検品を専門に実施する機関で検品された後、日本に仕入される。検品
の精度が非常に高く、顧客に不良品が届くことは稀で、当社品質の高
さと信頼度に貢献している。当社業務の流れは図表1のとおりである。

■図表1　主要業務の流れ

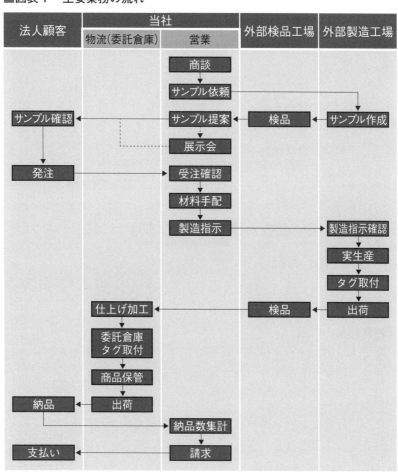

（2）窮境要因

　高単価製品の販売へとシフトさせる戦略が失敗し、主要取引先からの受注額が減少し、赤字に転落した。さらに、コロナ禍における百貨店等の営業停止により、市場環境は厳しい状況にある。また、中国で製造を担当する子会社への送金が資金繰りを圧迫していた。金融機関からは自社商品の在庫量の多さも問題視されており、企業の現状の解明と、根本的な企業体制の見直しが必要であると指摘されていた。

（3）目指す姿

　これまで不明確であった子会社との取引を正しく分析し、子会社の今後の方向性を決定する。また、既存取引先の売上を回復させ、新たな販路を開拓することで収益力を高めるとともに、これまでの負債を返済し、健全な財務体制を目指す。今後10年以内には社内で働く長男への事業承継も視野に入れている。

3．再生計画の策定と提案のポイント

（1）本業支援のポイント

　当社の現状を正確に把握するため、①在庫商品の評価、②中国子会社の評価について優先して進めることとした。

①在庫商品の評価

　決算書上の棚卸資産が約２億５千万円で、特にその中でも自社商品の在庫が約６千万円あり、自社商品の年間売上高に鑑みると、在庫金額が過大であるようにみられた。

　さらに詳細な分析を進めるため、商品の製造年から在庫の滞留年数を調査することとした。当社の在庫情報には製造年の情報はなく、商品に付与された７桁の品番と、サイズ別の在庫枚数が分かるだけであっ

た。しかし、多くのアパレルブランドには品番を付与するためのルールがあり、当社の場合は先頭の1桁目を製造年（西暦）の下一桁の数字と合わせるというルールとなっていた。その情報から製造年を判定したところ、商品全体の40％が5年以上滞留しており、サイズが揃っていない商品も多く存在した。

②中国子会社の評価

中国子会社の評価において注視したのは毎年発生している前渡金の存在である。中国子会社を運営するための固定費を当社から定期的に送金しており、その資金は子会社が当社製品を加工した際の加工賃と相殺することとなっていた。送金額と相殺額が明確になっておらず、取引が適正であるか不明瞭となっていたため、子会社が創立された7年前からの元帳を確認し、分析した。結果として、設立1年目こそ送金分以上の加工が実施されていたが、その後は送金がかさみ、前渡金が増加する一方であることが明らかとなった。

そもそも中国の子会社はビジネスパートナーと共同設立し、特殊加工品を担当できる珍しい技術を有した会社であったが、営業関係を担当する予定のビジネスパートナーが急死したことで計画が頓挫したのである。社長は今後、この子会社が必要となる時期が来るはずだと信じて事業を継続させていたが、現実には厳しい判断をする必要がある経営状況となっていたのである。

（2）金融支援のポイント

借入金返済原資をフリーキャッシュフロー（営業キャッシュフロー＋投資キャッシュフロー）の8割相当額とし、年間返済額を残高シェアに応じて返済するよう依頼した。

今後売上が回復し、受注が増加した場合には先行して発生する仕入れや外注の費用が増加し、資金繰りを圧迫すると予想される。そのた

め、当社と金融機関のコミュニケーションが円滑になるよう、当社から毎月レポートを提出し、資金繰り状況の他、取引先との商談状況や在庫状況についても報告することとした。

（3）計画策定のポイント

　主要取引先３社で当社売上の７割を占めており、売上回復が急務であると判断したため、主要取引先への営業活動集中を第一優先とした。高単価商品に傾倒することは避け、標準的な価格帯の商品を提案することとした。その他、これまで取引を見送ってきたカタログ通販向けの販売について、新たな販路の開拓として前向きに商談を進めることとした。

　滞留している在庫のうち、滞留年数が長いものやサイズ欠品しているものは、百貨店等の催事にてセール品として販売し、在庫の消化を進めることとした。ただし、ブランド維持のため一定以上の値引きは対応せず、場合によっては廃棄も踏まえ検討することとする。

　中国子会社については閉鎖し、土地や設備についても売却することとした。製造拠点である子会社が閉鎖することにより、原価率の増加が予想されたため、取引先ごとの原価目標を設定し、毎月進捗について社内報告会を実施する計画だ。

　中国子会社の閉鎖に伴い、製造拠点の不足も懸念されていたが、閉鎖する子会社の設備を売却する先が、当面の製造についても担当してくれることとなった。日本国内でも製造拠点を増やしたい考えであるが、製造量を確保できる工場が少なく、廃業する事業者も増加しており、国内製造拠点の開拓は今後の課題となっている。

（4）計画実行のポイント

　繊維・衣服関連事業者の特徴として、企画から入金までの期間が非

■図表2　製品企画から入金までの資金の流れ

製品企画開始（1年5月〜）
定番商品受注開始（1年6月〜）
商品サンプル制作（1年7月〜）
展示会（1年9月）
受注（1年10月〜）
仕入れ（1年7月〜2年1月）
製造（1年8月〜2年2月）
納品（2年1月〜）
入金（2年3月〜）

	1年5月	1年6月	1年7月	1年8月	1年9月	1年10月	1年11月	1年12月	2年1月	2年2月	2年3月	2年4月	2年5月	2年6月
売上計上	0	0	0	0	0	0	0	0	0	26,000	47,000	62,000	84,200	34,000
外注加工費	0	0	0	0	200	340	0	3,500	4,900	5,300	0	0	0	0
材料仕入	0	45	1,300	2,300	1,300	2,000	11,000	16,000	15,000	0	0	0	0	0
製造諸費用	20	9			120		300	1,100	5,300					
製造間接費	140	0		10	70	430	700	1,200	1,200					
経費合計	160	54	1,300	2,310	1,690	2,770	12,000	21,800	26,400	5,300	0	0	0	0

常に長く、当社の場合は約1年の期間を要している。資金需要が大きくなるため、必要に応じて対策を講じる必要がある。特に売上拡大時期においては、前シーズンの入金よりも次シーズンの仕入れ支払いが大きくなることがあり、注意が必要である。図表2は1シーズンにおける企画から入金までの資金の流れを図示したものである。なお、通常は1年間をSS（春夏物）、AW（秋冬物）の2シーズンに分けて管理することが一般的である。

　上記の業界特性をふまえ、金融機関担当者と目線を合わせて話し合いができるように、月次の報告フォーマットを作成した。フォーマットにデータを入力することで商談状況、資金繰り状況、原価管理状況を管理する狙いである。特に当社の場合は社内情報をエクセルで管理していたが、独自の管理方法であったため分かりにくく、十分に活用

できていない状況にあった。社内での目標進捗管理を徹底することと、金融機関への情報共有を適切に行うことを計画実行のポイントとして捉え、改善を進めることとした。

4．計画の進捗

　コロナ禍が2年目に突入し、当社の売上は急伸している。消費者の需要は回復していない状況であるが、同業他社の廃業が増加したことと、商社がコロナ禍以降の消費動向を前向きに捉えていることが要因である。また、新規開拓したカタログ通販向けの販売も好調に推移している。

　当社が売上を増加できた理由として、中国国内の動向や生産拠点の情報をいち早く入手できていたことがあげられる。この強みは、これまで当社が中国に子会社を有していたことで、現地との強いネットワークが構築できていたことがあげられる。中国子会社を閉鎖した現在であってもその強みは失われず、当社の経営を支えている。

中小企業診断士　三宅　真司

2 飲食料品卸売業

食料品卸売業
〜食品小分けニーズの拡大に着眼し
抜本的な再生が実現〜

1．再生の着眼点

・市場のニーズを掴んだ戦略的な事業展開

・積極的な経営革新

・売上増加のための思い切った設備投資

2．事例企業の概要とフレームワーク

（1）事例企業の概要

　X食品株式会社は創業約50年、資本金1,000万円、従業員40名の業務用食品卸である。飲食店を中心に業務用食品や食に関連する資材等を販売している。取扱商品は調味料、乾物、粉類、缶詰、冷凍食品、魚介類など、また食品以外では洗剤、包装資材などがある。

　一部の顧客から、店舗で使いやすいように原材料を小分けにしたり、混合したりしてほしいという要望があり、約10年前から食品の小分け及び混合を行っている。また、混合においては商品開発も請け負い、顧客のメニューに最適な原材料の配合の提案も行っている。これらの取組みにより、卸の取引先確保に繋がるとともに、最近では上記の小分けや混合（以下「加工」と表記）のみの依頼が増えつつあった。

（２）窮境要因

　X食品の窮境要因は大きく次の２点である。

①新型コロナウィルスの影響

　新型コロナウィルスの感染拡大により、顧客である飲食店が営業時間短縮や休業となり売上が大きく落ち込んだ。この影響は大きく、自社の努力だけでは対応しきれなかった。飲食店向けの販売が大きな割合を占めており、リスク分散できていなかったことが要因である。

②仕入価格の上昇

　昨今の食料品の価格上昇により、商品仕入れ価格が上昇している。顧客への値上げ要求は行っているものの、上記のコロナ禍の状況もあり一部では思った価格で取引できずに利益を圧迫していた。

（３）目指す姿

　新型コロナウィルスの影響で飲食店向けの商品の販売は大幅に減少したが、巣ごもり需要に対応した商品の加工について委託の引合いが増え始めた。X食品の強みは競合他社に比べて小ロットに対応できる点であり、また競合が少ない状況でもあった。そこで卸以外に、加工の受託を２つ目の事業の柱とする戦略とした。目的の１つは、収益の最大化である。付加価値の高い健康食品をターゲットすることで、利益率の向上、収益確保を目指した。

　もう１つの目的は、リスク分散である。今回のコロナ禍で、ターゲットが１つの市場のみではリスクが大きいと判断した。受託加工は一般消費者向けの商品も扱うことから、卸で扱っている飲食店向けの業務用とは異なる市場といえ、リスク分散を図り安定した経営基盤の構築に繋がると判断した。

3．再生計画の策定と提案のポイント

（1）本業支援のポイント

①生産効率向上のための業務改善支援

　加工品の生産量を大きく増やす計画としたことから、効率的に生産する必要があった。工場内の限られた空間でより多くの生産をすること、さらに食品衛生のレベルを上げる必要があり、そのための手間が増えることが予想された。現状の厳しい面積の中での生産効率改善が必要となった。そのためにコンサルタントが入り定期的にミーティングを設定し、自分たちで問題点及び解決策を検討する機会を設け、社内で改善できる体制を整えることとした。

②品質向上のための支援

　今回の計画で顧客ターゲットとした健康食品メーカーが要求する衛生管理のレベルは、これまでの原材料の加工で要求されてきたものとは異なっており、より高い水準を満たす必要があった。そこで「食品安全マネジメントシステム」の第三者認証を取得することとした。

　認証取得にあたり、社内ルール及びマニュアル類の整備、食品の安全管理手法であるHACCPシステムの導入をすすめたが、こうした取組みにおいては支援専門家による実践的な提案、助言が重要である。

③計画策定支援

　今後5年間の事業面及び数値面での計画の作成支援を行った。特に今回の計画では設備投資が必須となっており、投資額を回収できる計画となるかどうかがポイントとなった。

（2）金融支援のポイント

　加工品の生産量増強と衛生管理の向上には大きな投資を必要とすることから、今回の計画を実行していくためには金融機関からの融資が

必要不可欠であった。幸いにも協力してくれる金融機関があり、設備投資のために必要な資金について融資を受けることができている。

（3）計画策定のポイント

①市場ニーズに対応した経営の革新

当社は中小企業であり経営資源は限られているが、現状の範囲で受注できる業務だけをターゲットするのではなく、市場ニーズに対応して新たな顧客を獲得すべく、設備や組織を外部環境に合わせて進化していく計画としている。具体的には需要増加に伴い、設備を増設し生産能力を引き上げ、より高い衛生管理を行うこととした。

②収益の柱の複数化

今回、卸としての業務用食品の販売が落ち込んだことへの対応が必要であった。そのために製造業（加工）の部分を強化して収益源を複数とする計画とした。背景としては、当社の強みとして既に加工の実績がありノウハウが蓄積されていることと、小ロット対応の競合が少ないことがあった。加えて、加工委託では顧客から原材料が支給される場合があり、原材料の価格高騰に影響を受けづらいビジネスモデルにもなった。

近年、食品の混合・充填工程における委託の引合いが増えていることから、ニーズが顕在化しており事業機会が確認できたことから、事業の柱とする計画とした。

③設備投資

加工業務はこれまで小さな規模で行っていたため、受注を増やすためには、混合機や充填機などの設備を入れて、生産能力を増強することが必要であった。

これまで手作業で行っていた充填、包装工程がボトルネックとなっていたため、この工程を機械化することとした。これにより、大幅な

■図表　加工強化に至る背景

強み		機会		加工の受託強化
・加工の実績がある ・小ロット対応が可能		混合・充填工程における委託ニーズ		加工の受託強化

生産能力向上と作業ミスによる不良品の減少が期待でき、費用対効果が大きいことが確認できた。

　当社にとっては大きな投資となったが、業務の現状分析と数値計画の裏付けによって、思い切った投資に踏み切る計画を作成することができた。

④組織能力の向上

　昨今は食品安全が重視されており、引合いのある企業からは現状よりも高レベルな衛生管理を要求されることが多くなっていた。そのため、衛生管理のレベルアップをしていく計画とした。食品衛生法上は、小規模な事業者向けのHACCPの取組みだけでよいが、それでは顧客からの評価が得られないため、グローバルな「食品安全マネジメントシステム」の認証であるISO22000の取得も計画に入れることとした。

　衛生管理強化と認証取得に伴い、マニュアルや記録類の整備、教育訓練計画などの計画も策定された。

　加工を事業の柱とするために、必要に応じて組織体制の拡充も計画した。

　上記に関連して、食品の検査はこれまで全て外部に出していたが、社内でも検査できる体制を整えることとした。品質管理部を創設し、検査機器を揃える計画とした。

（4）計画実行のポイント

　今回の計画実行では、人に関する内容がポイントである。具体的には生産性向上と衛生管理の部分である。手作業を機械化した部分では

生産性が上がるものの、それ以外の人手のかかる部分でも、今後増大するであろう生産量に対応していくには、業務改善が必要となる。

また、特に衛生管理については人の行動が重要となる。認証取得となると新たな取組みへのチャレンジとなりハードルが高く、従業員の負担が大きくなる。

そのため、従業員のモチベーションを高め、意欲的に計画を実行していく環境を作っていくことがポイントなる。そこで、定期的な会議を開催して、社内のコミュニケーションを図ることとしている。また、第三者認証を取得することで、達成感を感じられることが期待される。

4．計画の進捗

多くの引合いが来ていることから、顧客獲得の機会を逃さないために、設備投資を早急に実施した。

また、生産性向上及び食品衛生では現在進行途中であるが、定期的な会議を実施していることで従業員の意識が変化してきている。積極的に問題点及び改善点が出される雰囲気が作られ、多忙な中、最低限のマニュアル等が整備された。現状、ISO22000の取得には至っていないが、着実に準備を進めているところである。

衛生管理レベルが向上していることにより、商談中の顧客による工場査察にも適切に対応でき、比較的大口の顧客との商談が順調に進んでいる状況である。

中小企業診断士　岡崎　永実子

3 その他卸売業

中古機械器具卸売業
～自社の持ち味（強み）を活かす経営に着眼し
抜本的な再生を実現～

1．再生の着眼点

・新商品開発①…自社商品を新たに開発し、他では手に入れることが
できないものを提供する。「あったらいいな」という社員の身近な
アイデアを集め、商品化段階では、外部の専門家（コンサル会社、
ものづくり企業等）の協力を得て自社商品を販売できるように取り
組む。
・新商品開発②…日常の取引業務において顧客から要望があり、自社
で調達可能なもの、さらに自社の持ち味（強み）を活かせる取扱商
品・品目を新たに開拓する。
・新たな販売・流通経路を開拓する。
・適切な商品在庫戦略をとる。売上低迷期には在庫を持たない運営体
制としているが、売上拡大期においては在庫回転率が高まること、
運転資金にある程度余裕があることを前提として、一定量の在庫を
保有する。在庫保有の効果として、品質確保、リードタイムの短縮
等を見込むことができる。

2．事例企業の概要とフレームワーク

（1）事例企業の概要

　当社は約50年前に設立した企業であり、現在の従業員は5名である。

海外向け中古機械器具の卸売販売を事業の主体としており、主な取扱商品は、中古農業機械、中古建設機械である。これまでに海外70カ国以上との取引がある。

コンテナヤードは、関東の自社ヤードと関西のヤードを併用し、商品の一時保管やコンテナバンニング（貨物をコンテナに詰める作業）を行っている。

事業の特徴は、顧客である海外バイヤーが品質に評価のある日本製の中古農業・建設機械を購入する際に、商品選択のしやすさ、輸出に必要な書類作成、輸出手続、船積み〜輸出までをワンストップで提供することにある。さらに、アフターサービスとしてメンテナンス相談・修理用部品の供給も行っている。

主な流通ルートは、①サプライヤールート、②オークションルートであり、これら2つのルートでビジネスを展開している。

（2）窮境要因

輸出を主とする事業を行っているため、数十年に一度訪れる外部環境による脅威が大きな窮境要因となっている。1985年のプラザ合意時

■図表1　創業以来の売上高推移

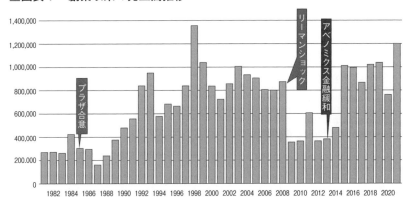

における急速な円高や、2008年のリーマンショック時によるマーケットの消失・縮小は最たるものである。2008年のリーマンショック時にはそれまで主要であった米国マーケットを消失し、その後数年は赤字に落ち込んでいる。また、近年においては新型コロナウィルス感染症による世界経済の低迷、世界的なコンテナ不足を背景とした物流網の停滞の影響を受けている。図表1は当社の売上高推移を示しており、外部環境の影響がいかに大きなものであるかが読み取れる。

（3）目指す姿

　2008年のリーマンショック時に事業再生のための緊急対応としてやむを得ず実施した希望退職者の募集や、好立地・環境の事務所からの撤退・移転を二度と繰り返さないようにする。このため、以下の点に着眼し、収益力の維持・改善に結びつけていく。

① 　円滑な事業承継のための準備を進めておく

② 　外部環境による脅威を回避するため、当社の持ち味（強み）を社員共通の認識のもと共有しておく

③ 　上記の持ち味を整理し見える化することで、外部環境の変化の際にも協力会社や金融機関の理解・協力を取り付けやすくしておく

3．再生計画の策定と提案のポイント

（1）本業支援のポイント

　収益力を改善し、持続的な成長を図っていくためには、外部環境の変化に対して迅速に対応することで、競合他社との競争に陥らないようにしておく必要がある。そのためには自社の持ち味（強み）を知り、磨きをかけておくことが必要である。簡単に購入することができない、また、歴史等の経路依存性がある経営資源を保有していれば、模倣困

難性も高まる。このような経営資源は、持ち味（強み）を活かした無形資産（目に見えない経営資源）である場合が多く、この資源を活かすマネジメント手法は「知的資産経営」と呼ばれている。

当社の支援では、従来型の再生支援のように財務諸表から読み取れる経営指標に基づく経営改善に重きを置いていない。財務諸表には結果としか現れてこないためである。そのため、ここではその原因となる将来キャッシュフローを生み出す源泉を見つけ、育てることに注力している。

当社の場合、これまで在庫保有や機械設備等の物的資産はあまり持つことなく事業を行ってきた。このため、無形資産である人的資産（人の持つ資産）、関係資産（対外関係における資産）、構造資産（仕組み等組織に定着した資産）等における持ち味や顧客に提供している価値の理解、それらを強化していくための取組み、仕組みを検討することをポイントとした。

具体的な進め方としては、従業員も参加できるワークショップ形式とし、ローカルベンチマーク⇒経営デザインシート⇒知的資産経営報告書作成の３段階の STEP に取り組むこととした。上記の３段階の STEP を進めるに際しては、支援側が「なぜ」、「どのようにして」等、真因を探求するための質問をし、それに答えてもらいながら各シートや報告書を作成していった。

① STEP1　ローカルベンチマーク

非財務のシートを中心に、過去～現在の当社の持ち味（強み）を探り出し、無形資産（目に見えない経営資源）を見える化する。

当社の場合、イ．顧客（海外ユーザー）の欲しい機械器具が見つけやすいサービスを行っている、ロ．希望する中古機械をまとめてコンパクトに提供でき、ハ．品質情報を正しく提供している、ニ．売って終わりではなく補修部品をできる限り提供している、といった持ち味

の整理ができ、海外現地の期待・要望に応える各種サービスの提供ができている点が明らかとなった。

② STEP2　経営デザインシート

STEP1の情報に加え、今後の環境変化を予測し、顧客に提供する将来価値の流れをストーリー化し、実現のためのアクションプランを策定する。

当社の場合、海外市場の変動や顧客からの要望の多様化をふまえると、自社在庫を保有することや、より良いサービスの提供を追求することが必要だと整理された。具体的なアクションプランとしてまとめられたのは次の3つであった。

　・在庫の充実を図る

　・整備士を探し、確保する

　・WEBページを改修・整備し、在庫管理や検索を行えるようにする。

③ STEP3　知的資産経営報告書

上記STEP1及び2の情報をさらに広げ、深めていく。

知的資産経営報告書は、2.（3）目指す姿でのポイントを踏まえ、以下の3つの目的で作成支援した（図表2）。

　・円滑な事業承継のための準備

　・創業50周年に向けた記念誌づくりの準備

　・外部環境変化に対するレジリエンスの構築

また、経営理念にある「世界の人々の生活向上に貢献する」という考えとSDGsを融合させ、2025年までの取組目標と将来の対応の方向性を取りまとめた（図表3）。

（2）金融支援のポイント

自社で長期的な在庫保有はしないものの、海外バイヤーが買付けを希望する商品を当社が代行してサプライヤーやオークションから一時

■図表2　知的資産経営報告書の作成目的と取組内容

作成目的	取組内容	取組後の企業側の感想
円滑な事業承継のための準備	事業承継カレンダー作成、後継者の曼荼羅図作成、後継者によるワークの取りまとめ・発表など	承継の準備に関するマイルストーンが作成できた。後継者に自信を持って引き継げるようになった。
創業50周年に向けた記念誌づくりの準備	知的資産経営報告書の作成	膨大な情報の提供と精査ができた。過去50年に蓄積された知的資産が明確になった。
外部環境変化に対するレジリエンスの構築	知的資産経営報告書の作成に全社員の知恵を集結し取り組んだ。ワークショップは全16回に及んだ。	今後の展望として、抽出された課題を克服する、強みをさらに磨き上げる。新たなビジネスへの原動力とする。

■図表3　今後の取組目標と将来の対応の方向性

・ベースとなる考え方

開発途上国への資金の流入を促進するとともに、人々の能力強化及び社会的、経済的及び政治的な包含を促進する。

・具体策

発展途上国へのトラクター投入により、農業機械化を促進する事で食糧生産者の生産性と所得を増加させる。
出荷台数年間600台、輸出先30か国を目標とする。（～2025年）

建設機械によるレジリエントなインフラ開発を促進する。
地域規模の開発計画の強化を通じて、経済、社会、環境面における都市部、都市周辺部及び農村部門の良好なつながりを支援する。
出荷台数年間1,000台、輸出先30か国を目標とする。（～2025年）

・将来を見据えた対応

カーボンニュートラルの実現に貢献すべく、持続可能なエネルギー技術への投資と普及に努めて、世界のエネルギーミックスにおける再生可能エネルギーの割合を大幅に拡大させる。

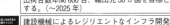
地域貢献する
助け合い運動への参加・主催　→　地域のごみ拾い、子供のための活動

発展途上国の農業発展を促進させる
耕す機械導入の促進　→　無人機等の農業機械導入の促進

エナジーハーベスト×IoT化に向けた活動
身近なIoTの導入検討　→　IoTを活かした資源、エネルギーの有効利用

出所：事例企業の知的資産経営報告書より抜粋

的に買い取り、保管するため、運転資金としてある程度の余裕が必要である。また、運転資金に余裕があれば、商い量を多くすることができる。

　2008年のリーマンショックを契機に売上が低迷したが、2013年のア

ベノミクスによる金融緩和で仕入資金に余裕ができ、翌年以降の売上
高が拡大したのはこのためである。

　資金面の対策として、運転資金管理は、月に一度売掛金確認や在庫
棚卸などをして重点的に管理するようにしている。また、少なくとも
半期・通期の事業年度ごとに、ローカルベンチマークの売上増加率、
EBITDA有利子負債倍率等の指標を用い、経年比較、業界標準比較
等で、健全性を確認することがポイントになる。

（3）計画策定のポイント

　手順を踏んで抜け漏れなく計画的に進めていけるように、ローカル
ベンチマーク、経営デザインシート、知的資産経営報告書の作成を順
次進めていけるように計画した。

　これまでに経験してきた大きな外部環境変化にも対応できるように、
持ち味（強み）である無形資産を見える化し、いつでも外部発信でき
るようにすること。また、従業員も一緒にワークショップに取り組む
ことで、組織一丸となってレジリエンス（困難や逆境を乗り越え回復す
る力）を高めるようにした。

（4）計画実行のポイント

　今回実施した支援は2年間にわたるもので、約20回の面談・ワーク
ショップを実施した。ワークショップにおいては、後継者候補をはじ
め従業員にも全ての回に参加してもらうようにした。このため、後継
者が自社の持ち味（強み）を再認識できたことに加えて、将来の方向
性を検討する上で、実行性の高い計画、KPIの設定ができたものと考
えられる。また、ワークでは事業承継カレンダーの作成を入れるなど、
円滑な事業承継に向けた計画策定を行ったことも重要なポイントであ
る。

4．計画の進捗

　当社は、リーマンショック時の業績悪化からようやく抜け出した状況にある。一方、近年の外部環境においては、新型コロナウィルス感染症による世界経済の停滞、コンテナ不足による貿易事業の影響などにより、懸念材料は尽きない状況である。

　このような状況下において、SDGsの17の目標のうち「2.飢餓をゼロに」、「11.住み続けられるまちづくりを」に焦点を当て当面の目標を設定した。具体的には、発展途上国を中心とした中古農業機械・建設機械の新規輸出国・出荷台数の数値目標である。当面はこの目標を中心に計画の進捗を図っていく。

　計画は進捗中のため結果はこれからとなるが、運転資金管理に注意しながら、当面の目標達成に向けて取り組んでいく予定である。

中小企業診断士　藤原　正幸

3 その他卸売業

燃料油卸売業
～売上高から粗利管理に重点を移し黒字化が実現～

1．再生の着眼点

・仕入価格である原油相場の変動に対応するために、売上高の拡大
　よりも粗利益の確保を重視した営業が必要である。
・仕入価格の変動が大きいために、変動に即応した価格交渉が重要
　である。
・価格交渉の決め手は情報力にある。

2．事例企業の概要とフレームワーク

（1）事例企業の概要

　B社は北陸の日本海岸の中核都市に本社を置く燃料油卸売業である。
　明治初年（1868年）の創業以来、燃料油の卸売業として順調に業容
の拡大を進め、昭和30年代には幹線道路沿いに給油所（小売店）を5
店開設した。昭和40年代には日本海沿岸部に油槽所を建設した。本業
である燃料油事業は、大手石油元請会社から重油、灯油、軽油等を仕
入れた後、当社所有の油槽所に備蓄し、製造業や建設業、運送業等に
直売するとともに、石油販売会社に卸売を行っている（図表1）。
　また、昭和60年代にはこれまでの資金を活かして自社ビルを建設竣
工し、不動産事業に参入した。再生支援の時点では2棟の自社ビルを
保有していた。

■図表1　燃料油卸売事業の概念図

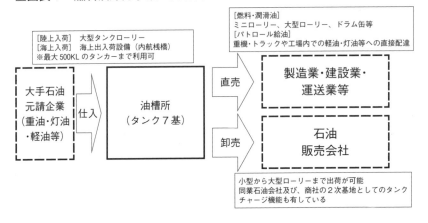

しかし、消費者の石油離れや自動車の燃費性能の向上等により燃料油事業の不振と給油所の不採算店舗が相次ぎ、収益性は低下の一途を辿ってきた。特に、直近3年間（2015年3月期〜2017年3月期）は営業利益の赤字が続いており、財務状態が悪化し、窮境の状況に陥った。

（2）窮境要因

B社では燃料油や潤滑油などの卸売・小売、不動産事業を主な事業として取り組んできたが、経営資源が限られている中で種々の業態に取り組んでいるために業務の兼務が多発していた。その結果、各事業の深耕が不足していたため、手広く事業展開している割には収益が確保できていないのが実情であった。

特に、B社の中核的事業である燃料油事業では販売量の確保を中心的な目標に掲げていたために、他社よりも安い価格で販売することが当たり前になっていた。仕入価格の変動も相まって、粗利段階で赤字販売することも日常茶飯事になっていた。

また、トップダウンの社風が続いており、マネジメントの不備に繋

■図表2　B社の事業ポートフォリオ

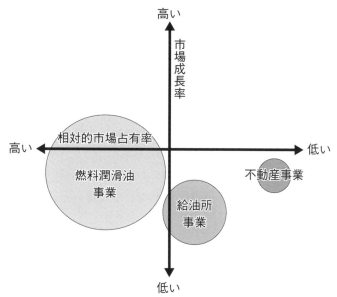

がり、収益性低下の要因の1つとなったことも否定できない状況で
あった。

　これらのことから、「経営資源の分散により販売数量追求型の営業
体制となっている」状態であった。

（3）目指す姿

　経営資源の分散を防止するためにまずやらなければならないことは、
赤字分野の削減である。

　そのためには、事業構造の基盤であるコスト構造を改善した上で事
業展開を行うことが必要であった。さらに、事業展開の基礎となる意
思決定の仕組みや責任体制の明確化、会議システムの変更、管理会計
システムの見直し、業務の定型化等の内部管理体制を再構築すること

を目指した。

3. 再生計画の策定と提案のポイント

（1）本業支援のポイント

①不採算事業・店舗・商品の抜本的な対策

　B社において事業構造を改革するためには、不採算事業の抜本的な対策が必要であった。不採算事業である給油所（小売事業）は閉鎖し、土地の有効利用を、燃料潤滑油事業においては商品別の採算性を見直し、粗利率の基準を設け、基準に達しない不採算商品は仕入れ交渉、値上げ交渉をすることとした。

②本社費（キャッシュアウト）の削減・キャッシュフローの拡大

　また、不採算部門や商品の削減に見合う固定費にするために、本社費用（キャッシュアウト）の削減を図ることとした。さらに、自社ビルの売却も視野に入れたキャッシュフローの増大策を検討した。

（2）金融支援のポイント

　金融機関に対しては、上記の再生計画を実践することを前提に、運転資金の補填のため、従来どおりの反復支援の継続を依頼した。

　また、担保物件である自社ビルを処分することにより、50百万円の弁済を提案した。

（3）計画策定のポイント

　事業調査の結果、再生計画の期間は5年間とした（2018年3月期～2022年3月期）。2020年3月期（計画3年目）に経常黒字化を、5年後（2022年3月期）には、営業利益約40百万円（売上高営業利益率3.5%）、経常利益約24百万円（売上高経常利益率2.4%）の計画を策定した。

（4）計画実行のポイント

改善計画の実現のために、役員報酬等の固定費削減を行うとともに、不採算店舗の閉鎖や自社ビルの売却を行い、金融機関への返済原資とした。その上で、本業の立て直しに入った。

これまで、燃料油の販売数量や売上高を重視する管理方法から粗利益の確保を管理の重点項目に変更した。客先別の販売商品、販売価格、売上高、粗利益率を一覧にし、粗利率の基準を20％と設定した。

その上で、粗利率20％に満たない客先には値上げ交渉を行った。値上げするためには根拠が必要なため、仕入価格となる原油相場の変動実績や今後の見通しのデータを入手し、グラフ化し納得のいく資料を準備した。また、原油情報や相場に影響する国際情勢についての情報提供を続けた。さらに、客先の工事現場まで燃料油を運搬したり、補助業務を手伝うなど粗利率向上策を実行した。

4．計画の進捗

これまで営業赤字が続いていたが、粗利率向上策を実行したことにより値上げに応じてもらえる客先が増加し、粗利率は急激に上昇し、収益性は向上した。

その結果、計画2年目（2019年3月期）には営業黒字を計上、計画3年目（2020年3月期）には経常黒字を計上するに至った。改善計画を上回る実績が続いているところである。

現在では、資金面での懸念がなくなったため、新規事業開発も行っており、将来に向けた付加価値の創造に励んでいる。

中小企業診断士　内藤　秀治

第4章

小売業

若者向けアパレルショップ

〜 C/F、P/L に着眼し抜本的な再生が実現〜

1．再生の着眼点

- ・資金繰り圧迫の原因となる在庫の圧縮
- ・不採算店の閉鎖
- ・WEB 販売の開始

2．事例企業の概要とフレームワーク

（1）事例企業の概要

　Z社は近畿を拠点とした若者向けのアパレル企業である。事業としては海外から衣類を輸入し、自社で経営する店舗にて販売を行うという一般的な小売業である。ただし、社長の目利き力には定評があり、商品の独自性が高く、若者に支持されることで売上が増加した。出店のオファーも増加し、全国の繁華街に店舗を持ち、積極的な出店を継続することで短期間に売上高が急増していった。

　ただし、新規出店を行った店舗の中には利益を確保できない店舗もあり、全体としては利益が出ているものの、資金繰りは厳しい状態が続いたため、金融機関からの要請により、外部専門家による資金繰りの支援が行われることとなった。

（2）窮境要因

　窮境に至った原因は経営管理の不足によるキャッシュフローの悪化である。社長は非常に熱心に事業に取り組み、特に販売増加を一番の指標として、商品仕入と販売業務を中心に取り組んでいた。

　その結果、売上は順調に伸びていたものの、新規出店の設備投資や在庫の増加に伴う運転資金増加により、資金繰りが常にタイトな状態が続いていた（この状況はコロナ禍の前から続いていた）。経理担当者は新しく入社したばかりであり、財務知識はあるものの、資金繰りが厳しい原因を社長に提示することができていなかった。

　このような余裕がない状態の中、コロナ禍での売上の減少によって、売上の入金が下振れすることで、資金繰りがさらに窮する状態となった。また、借入額が大きくなっていることで金融機関内の評価も下がり、通常の貸出を受けられる状態ではない状態にあった。

（3）目指す姿

　資金繰りを安定させるとともに、P/L を早急に改善する必要があるため、資金繰り対策と各種施策によって経営改善を行い、まずは生き残れる状況を目指す姿として再生計画を作り上げた。

3．再生計画の策定と提案のポイント

（1）本業支援のポイント

　支援する企業から改善施策のアイデアが出ない場合は、各種資料から問題点を洗い出して、外部の支援者からの目線から改善案を複数提示して、進められるものを進めてもらう。また、施策が進まない場合は、具体的な進め方を提示することに加え、自ら一部を受け持つことも支援者の取組みとして捉えるべきである。

Ｚ社の場合は社長が若く、非常に活動的であり、問題点とアイデア
を提示するだけで、早急に対策を策定、行動に移すことができていた
ため、対策の実行に大きな誤りがないかを確認する程度で、会社の動
きを邪魔しないように取り組むことができた。

①在庫の削減

　本業支援においてはまず３年間のキャッシュフロー推移を作成して、
どこで資金が増減しているかを提示しながら、社長になぜ資金繰りが
厳しい状態になっているかを示し、最も効果的な対策が在庫の削減で
あることを提言した。社長は仕入額の月額上限を設定して入荷による
在庫増加を抑えるようにするとともに、既存在庫に対しては毎週倉庫
に行き、在庫額をチェックし、不良在庫の値下げ販売、在庫を減らす
取組みを行った。

　在庫削減については、完全な不良在庫であれば削減は困難となるが、
当社の場合は社長の目利き力により、在庫年齢が経過しても魅力の低
下が少ない商品であったことと、在庫年齢が比較的短い商品が多かっ
たこと、店舗以外にて格安での販売を行うことで、ブランド棄損への
影響を抑えた形での処分が行えた。

　その結果、資金繰り改善ができただけでなく、在庫数量が多くなっ
たために追加で借りていた倉庫を返却できたことで、固定費削減も実
現した。

　在庫削減においては、削減を進める大切さを認識する一方で、在庫
がないと売上が確保できないこと、難しいが売上確保と在庫の削減の
両立を常に意識することを社長に提言した。

②不採算店の閉鎖

　店舗別の数値計画を経理担当者と作成して示し、不採算店が分かる
ようにして、家賃交渉、店舗閉鎖の判断材料としてもらった。また、
基本的には社長が想定している収益状況とずれはなく、早期に全体の

半数の店舗を閉鎖することを判断し、実行された。

　店舗閉鎖については一般的には社長が嫌がることが多いものの、Z社については非常に判断が早く、結果としてダメージを最小にできた。

③ WEB 販売の開始

　Z社は過去に通信販売で失敗した経験があったため、WEB販売については否定的であったが、WEBでの販売は売上増と資金繰り改善に有効であることを理解してもらった。

　コロナ禍における店舗での販売が予想以上に悪化していたこともあり、社長はWEB通販サービス大手であるA社で販売を開始することを始めた。元々から商品の魅力があることや、以前に通信販売をしていたノウハウがあったため、すぐに売上が確保できるようになり、現在も順調に増加している。

　A社はWEB通販サイトの中でもかなり手数料が低く、十分に利益を確保できるため、積極的に進められる環境となっている。

　写真の魅力はWEB通販においては非常に重要なポイントとなるが、事務所の一部をスタジオとして、社内で撮影することで、経費を抑えながらも十分なアピールができるような工夫もしている。

④人件費の削減（役員報酬、人員の削減）

　再生支援において、人員削減については触れないことが適切といえる。これは非常にデリケートな部分であり、役員・従業員のやる気がなくなれば、経営の改善は不可能になるためである。

　ただし、本案件では人件費の削減が有効であることを提言した。

　まず、役員報酬に関しては、経理知識が高くないことから、税理士との相談で非常に高額の役員報酬となっていた。実際にはキャッシュフローが不足して、役員への支払いはできていない状態であり、社会保険料や各種税金のことを考えると役員報酬は大幅に引下げたほうが得策であることを示し、社長が納得の上で、引下げを計画に入れ込ん

だ。

　また、人員については会社で迅速に判断して、店舗の営業時間が短くなること、来店客数が減少することに合わせて、店舗スタッフは正社員中心のシフトに変更して、大幅に人件費を削減している。合わせて事務所の従業員の出社も減らして人員コストを削減。雇用調整助成金も申請して、実質的な人件費負担を極力抑えることにしている。

　人員削減に関しては、将来的な展開のために、辞めてもらっては困る人材が辞めることのないようにするため、こうした人材の精神面のフォローをすることがポイントである。

（２）金融支援のポイント

　支援開始時、現預金は月商の３分の１程度と非常に乏しい状態にあったため、保証協会を利用しての新規借入を申し込んでいたが、借入金額が少なく、資金繰り改善効果が小さいことと融資まで時間が掛かることに鑑みて、リスケを早めるメリットが大きいと判断し、借入の申込みを取り下げ、メインバンクと相談の上で、全金融機関へリスケの申込みを行った。

　また、リスケの申込みと同時に経営改善計画の作成を進め、迅速に返済可能額を作り上げてメインバンクと相談を行うようにした。

（３）計画策定のポイント
①数値計画

　計画策定においては店舗別に月次別の数字を作成し、不採算店の洗い出しと、閉鎖計画を示せるようにしていった。

　なお、当社の場合で作成・提示した計画資料は図表に示す17種類である。

　当社の場合は閉店計画が絡むことがあり、店舗別の月次P/Lを作

■図表　Z社が作成・提示した計画資料一覧

①事業計画概要	②組織図	③資金流れ図
④ビジネスモデル俯瞰図	⑤SWOT	⑥計数計画概要
⑦P/L計画	⑧B/S計画	⑨C/F計画
⑩タックスプラン	⑪実質資産額	⑫返済計画一覧表
⑬金融機関保全状況	⑭金融機関取引一覧	⑮店舗売上
⑯店舗利益	⑰施策展開表（改善行動計画表）	

　成して、交渉の結果による閉店時期の変更に対応できるようにした。
　計画の作成業務が、店舗閉鎖という改善活動に障害となることは絶対にあってはならない。実際に計画数値の策定中に閉鎖店舗が増えることがあったが、P/Lへのプラス影響であればすぐやってもらうように後押しをして、計画策定のスケジュールも守ることができた。
　また、借入の基準額設定については、コロナ禍の特別融資と通常融資と分けて項目を作り、返済方法が変わっても、柔軟に対応できるようにした。

②行動計画
　行動計画の策定では、「（資金繰り改善）のために（在庫を倉庫前で売却）する」「（店舗閉鎖をして地代家賃を下げる）ために（●●店を■月に閉鎖予定で交渉）する」といったように、目的と実行内容を明確化し、連動できるようするとよい。「時間経過で何のための施策だったか分からなくなる」、「部下に伝えていく上できちんと伝わらない」というよくある問題を防ぐことで、実効性が高まるからである。

（4）計画実行のポイント
①改善活動
　通常の案件では計画実行が非常に困難となるため、PDCAについ

て行動計画の進捗を目標数値と照らし合わしながら1つずつ確認を進めていく。実行できていない場合はなぜ実行できていないかの問題を確認して、問題を除去するためにも方針を一緒に策定する。

　Z社においては施策の実行を社長自らが積極的に行うため、モニタリングにおけるPDCA確認はあまり必要でなく、実行支援では月1回の財務状況確認、金融機関へ報告するための資料作成、簡単な提言に抑えることができた。

　当社の支援で特徴的だったのは、社長が財務で失敗したということを強く反省するとともに、経営方針に対して心配が大きい状態におかれていた点であった。こうした場合は、ヒアリングの中で改善活動の実行状況について褒めることを積極的に心掛けて、間違っていないと後押しすることを意識するとよいと考える。

　社長の資質、企業体質によって改善活動の進捗はまったく異なる。本件のような創業社長で自ら動く社長の場合は方向性の確認と後押しを中心にすればよいが、二代目で行動力に乏しい社長などの場合は強引にでも動かす姿勢で支援対応する場合もある。

②金融対応

　本案件では実行支援期間中に経理担当者が辞めてしまい、金融機関対応を行ったことがない新しい担当者に変わる事象が起きた。このような場合は、新しい経理担当者が安心して業務を行えることが重要である。本件においては金融機関への対応策について早めに、具体的に提示するようにした。

4．計画の進捗

　コロナ後初めての決算数字では、雇用調整助成金の影響もあり、当初計画よりも上振れている状態での着地となった。

　また、資金繰りについては月商の1.5カ月以上になっており、当面の心配がない状態となっている。

　店舗の販売についてもかなり戻っており、WEB通販も好調となっていることで、計画を上回る実績となっている。

　金融機関への対応はスケジュールを意識して、会社への説明、メイン行との調整を早め早めに行うことで、金融機関との関係性を維持し、金融調整の経験がほとんどない経理担当者の心配や負担を抑えるように取り組んでいる。

　金融機関への返済も開始する予定であり、2年後を目処に具体的な出口について検討を進めるスケジュールで考えている。

　専門家として方針作成支援の効果も一部はあると思うが、会社の自発的な改善活動がやはり再生の一番重要な要素であると考える。

中小企業診断士　石井　誠宏

和菓子製造販売業
～コロナ禍でビジョン・戦略の再構築による 事業再生への取組み～

1．再生の着眼点

・新型コロナウィルス禍に対する緊急対策を徹底。

・ビジョン、戦略を再構築。コロナウィルスが蔓延してもビジネスが続けられるよう新しいビジネスの仕組みを作るチャンスであると今回の危機を認識。

・新ビジョン、戦略に沿った新店舗を開店。

・強みを活かした新規事業の製造・販売にチャレンジ。

2．事例企業の概要とフレームワーク

（1）支援企業の概要

　1858年創業の和菓子製造販売業者。店舗は大阪市に４店舗、伊丹空港内に１店舗ある。本店は大阪市浪速区にあり、和菓子販売店の他、工場と喫茶部門がある。

　売上は267百万円、従業員は54名、資本金は28百万円。

　添加物を使用せず、素材を活かした素朴な和菓子、できたての和菓子を提供することを経営理念としている。

　強みは、看板商品（炙りみたらし、どら焼き）があること。北海道の契約農家から調達した小豆を使った自家製餡のあんこを使用している。また、和菓子のおいしい食べ方、新しい食べ方を体験できる喫茶

部門を有している。

　弱みは、添加物を極力使用しないことから、日持ちがしないお菓子が多いため、日持ちが必要な贈答品の品揃えが少なく、半製品での廃棄ロスが発生しやすい点。繁華街のショッピングセンターに出店している店舗売上が、新型コロナウィルスの影響での休業要請や繁華街に人が集まらないことから減少した。

（2）窮境要因

　新型コロナウィルス禍で繁華街のショッピングセンター内にある梅田となんばの2店舗、及び、伊丹空港内店の和菓子の売上が前年比80％程度と大きく減少した。減少要因はショッピングセンターの営業休止・営業時間の短縮、梅田・なんばに集まる人や飛行機利用者が減少したことにある。

　加えて、喫茶部門の売上が前年比39％減少した。密を避けるため完全予約制、店内入店者数の制限（席数を半減）、営業時間を短縮したことが減少の要因である。

　売上減少に伴い、需要予測と実際の需要とのギャップも増え、半製品などのロスもゼロにはできない日々が続いた。

（3）目指す姿

①新型コロナウィルス禍に対する緊急対策を徹底し、経営への影響を軽減

　まずは、下記の感染予防策を徹底した。

・毎朝従業員から体調報告をLINEで行う
・次亜鉛素酸水製造装置をレンタルし、工場に設置
・店内の入店制限（店内入店客を2組に絞る）
・喫茶部門の完全予約制と営業時間短縮

また、社員の雇用は守るとの方針の下で社員の一時帰休を実施した。国の雇用調整助成金活用し、給与補填を行った。一方で感染リスクを冒しながら出勤してくれている社員には出勤協力感謝金を支給した。

　資金繰り面では、営業休止・営業時間の短縮要請のあったショッピングセンター運営会社に対して賃料の減額要請を行ったほか、新型コロナウィルス感染症特別貸付制度や持続化給付金を活用し、資金調達を行った。

②中長期的対策

　中長期的対策として、ビジョン、戦略を再構築した。今回のコロナ禍は、何らかの危機が到来しても事業が続けられるような新しいビジネスの仕組みを作るチャンスであると捉えた。打ち出した方向性は下記のとおりである。

- ・高付加価値商品やサービスの提供によりブランド力を高める
- ・他社と差別化する商品、空間の提供
- ・「もの」から「こと」へ転換
- ・従業員の働き方の改革

　上記に基づき、新ビジョン、戦略に沿った新店舗を開店したほか、当社の強みである和菓子素材を活かした新規事業「パン」の製造・販売にチャレンジすることとした。この新規事業については事業再構築補助金を申請した（事業再構築補助金事業計画名は、「和菓子文化を次世代に継承する為に和菓子素材を活かした新しいパンの店を作ります」）。

3．再生計画の策定と提案のポイント

（1）本業支援のポイント

　ゴーストバスターズ手法を活用した支援を行った。

　ゴーストバスターズ手法とは、ブレーンストーミング法、KJ法、

■図表1　ゴーストバスターズ手法のイメージ

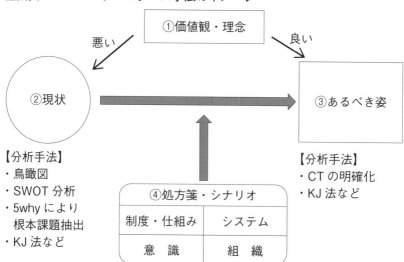

マトリックス法、特性要因図など様々な問題解決手法を必要に応じ、ツールとして活用しながら、経営理念に照らして、現実の問題をあるべき姿に向けて解決していく総合的な手法のことである（図表1参照）。

　まずは、社長、女将、工場長参加の経営改革検討会を開催し、筆者がコーディネータとなり、検討を進めた。

　経営改革検討会では当社の価値観と理念を再確認し、経営数値やSWOT分析などの分析手法を用い、①会社の危機的な現状を共有化し、②あるべき姿を明確化し、③最後にあるべき姿を実現するための処方箋、シナリオを策定した。

　①〜③のステップを順番に進めることが大事なポイントである。

　③のステップでは、新ビジョン、戦略に基づいた処方箋、施策を策定するが、処方箋、シナリオ策定においては、緊急対策と中長期対策を分けて策定した。

（2）金融支援のポイント

　国の新型コロナウィルス感染症特別貸付制度、特別利子補給制度（実質無利子）を活用した。活用にあたっては、コロナ禍でのリスクに対応できるように通常よりも多額な現預金を持つようにした。

　また、コロナが収束し、リスク対応資金が必要でなくなり、設備投資などの資金需要がない場合は、過去に借りた金利の高い借入金を優先的に返済する方針をまとめた。

　事業再構築補助金申請時には、事業計画書を金融機関に説明し、「中小企業等事業再構築促進事業」に関わる金融機関による確認書を発行してもらった。事業再構築による新たな資金需要などに対しては、財務状況を勘案し、相応の支援を要請する。

　融資が必要な時に協力を得られるようにするため、定期的に金融機関に対して会社の経営状況を説明するようにする。

（3）計画策定のポイント
①ブランド力向上

　他社にない高付加価値商品やサービスの提供によりブランド力を高める計画とした。ポイントは次のとおり。

　　・インスタ映えする本店でブランディングしてきた店舗の内外装、店内雰囲気、商品陳列方法、接客方法を他店舗にも展開し、会社全体のブランド力を高めるために、統一感を持たせる。

　　・他社にない商品や店舗、喫茶の空間を提供する。商品だけでなく、パッケージ、サービス、居心地の良さ、楽しさを提供する。

②計画の実現性向上

　計画遂行のための実行計画を作成した。この実行計画は５Ｗ２Ｈを明確にする。５Ｗ２Ｈとは、何を、なぜ、誰が、誰の協力を得て、どこで、どのように、いくらの費用をかけて実行するかを一覧表にまと

■図表2　実行計画（抜粋）

	テーマ	施策	どのように	費用	どこで	誰が	協力者	時期
1	主力商品を増やし、単品商品販売の専門店を作る	F店で試行する		0	F店	女将	社長	10月〜
2	商品を高付加価値化する	Nブランドに合致する商品を開発する	ブランドに合致しない商品の製造（買入商品）販売を止める	0	工場	女将	商品会議出席者	3月
			Nブランドに合致する商品で、当社では生産できない商品は外注し自社ブランドで販売する。	0	工場	女将	商品会議出席者	5月

めたものである（図表2参照）。

③成果の確認

　損益計算書、貸借対照表、資金繰り計画から、取組みを経営数値で確認できるようにした。

（4）計画実行のポイント

　毎月開催している、社長、女将、工場長が出席する検討会において筆者がコーディネータとなり、実行計画の進捗状況を確認している。進んでいない場合はその要因を分析し、対応策を決めている。

　時々の状況変化が発生しても、ブランド再構築のビジョン実現に向けて揺るがない姿勢を維持する。ビジョン実現に向けての戦術（進め方）は変えても目指す方向は変えないということである。迷った時は経営理念、ビジョンに立ち返り判断するようにする。

4．計画の進捗

　現状、計画の進捗状況は次のとおりである。

①新店舗開店

梅田にあるショッピングセンターの再開店時に当社ブランドを高める新店舗を開店した。開店当日は、当社店舗前だけ行列ができるほど盛況であり、事業計画以上の売上を計上している。

②新規事業へのチャレンジ

当社のブランド向上に寄与する新しい素材開発は進みつつある。和菓子素材を活かした新しいパンの製造・販売を目指した事業再構築補助金が採択され、和素材を用いた新しいパンの商品開発や、炙りみたらしのタレや自家製栗餡等の素材の量り売りができる新しい素材開発は進みつつあり、ブランド構築に寄与することが期待できる。

③働き方改革の進展

当社はできたての和菓子を製造販売するために正社員の残業が多かったが、イ．量から質への転換による付加価値額のアップ、ロ．人時生産性アップの取組み、ハ．正社員・パート社員を区別せず能力のあるパート社員の積極的活用、ニ．シフト管理の精緻化、を行ったことで残業時間を半減できた。余裕時間が生まれたことで、業務改善活動に充てることもできるようになった。

④収支の大幅改善

本年度6月～12月の収支は、売上が5％アップし、付加価値の向上により経常利益は大幅に改善することができている。特に、12月度の売上は前年比139％と大幅に増加し、過去最高の売上を達成した。

■図表3　6月～12月の収支

	今年度	前年度	前年度比
売上	146百万円	139百万円	7百万円
経常利益	2百万円	▲12百万円	14百万円

中小企業診断士　橋本　博

3　自動車小売業

輸入車ディーラー
～値引販売の縮小・撤廃による粗利益改善と
資金繰りの安定化～

１．再生の着眼点

・「質より量」を重視する業界特性から脱却し利益率を改善。

・競合のディーラーと価格以外の部分での差別化を図る。

・値引幅を抑えて販売できる体制を構築。

２．事例企業の概要とフレームワーク

　自動車小売業（自動車ディーラー）業界では、メーカーや総代理店と合意した各種販売目標の達成を求められるために、「質より量」、すなわち利益率よりも売上高、販売台数が重視される傾向があり、構造的・慢性的に低利益率の傾向にある。

　とりわけ、新車販売においてはディーラーサイドにおける仕入や在庫量のコントロールの裁量の幅が狭い。

　また、消費マインドが弱い動きの中、他の自動車メーカーのディーラーや中古車ディーラーとの激しい価格競争が続いている。

（１）事例企業Ｓ社の概要

　Ｓ社は、欧州の高級乗用車メーカーの輸入小売販売業を営んでいる。高度経済成長期に欧州の高級自動車メーカーの販売代理店として設立され、以後着実に業容を拡大してきた。

現在は当該メーカーの正規代理店として、年商約60億円弱と県内の自動車小売業者としては最大規模の売上高を誇っている。

事業概要は、以下のように大別される。

・輸入新車、中古車の販売
・当該ブランド自動車の定期点検、一般整備、車検サービスの提供
・保険サービスの取次、あっせん
・地元の食材を使った、本社ショールームに隣接するカフェレストランの運営

乗用車の販売形態は、中心は店舗による小売販売であるが、自社登録車や顧客からの下取り車をオークション等で販売する卸売販売も一部で存在する。

（2）窮境要因

①新本社の建設に伴う重い借入金負担

S社では、業容の拡大に伴って旧本社の土地建物が手狭になってきていたことから、旧本社近隣の土地を購入し新本社社屋を建設することとなった。新本社建設にあたっては、地域金融機関、政府系金融機関を中心に総額15億円のシンジケートローンを組成し、建設資金の借入を行った。

しかしながら、これにより金融機関借入金が従前の12億円から27億円へと膨らんだ。また、借入金の返済負担が従前の年間101百万円から年間226百万円にまで増加する一方で、返済余力が簡易 CF ベース（経常利益＋減価償却費）で年間145百万円しかなかったことから、借入金の返済負担が重く、資金繰りに支障をきたしていた。

②値引販売の実施

新本社移転にあたって、S社は日本法人から「ハイパフォーマンスディーラー」の指定を受けた。ハイパフォーマンスディーラーとは、

高い販売目標と仕入目標を割り与えられる、いわば「日本全国のディーラーの模範となるべき」ディーラーのことで、立候補したディーラーの中から日本法人が特に選定したディーラーが指定を受ける仕組みである。目標を達成すれば通常のディーラーよりも高い報奨金が支給されるメリットがある一方で、目標達成のためには仕入台数を増やさなければならず、販売目標未達成の場合であっても当該日本法人から仕入代金の補助が受けられるわけではないため、販売できなかった場合には在庫資金負担の増大（＝運転資金負担増加）と仕入決済代金の支払いによるキャッシュアウトが増加するというリスクを負う。

　Ｓ社は新本社建設を行い、従業員の士気を高めるためにも、ハイパフォーマンスディーラーに立候補し、選定を受けた。しかしながら、仕入台数と販売台数の目標は非常に高く、Ｓ社の身の丈を超えていたことから、仕入代金のキャッシュアウトと在庫資金の負担が増大した。かかる資金負担が増大したことから、返済のための資金繰りがままならなくなり、早期の資金繰りの改善が必須となっていた。

　そこでＳ社が行ったことは、在庫の早期の現金化であるが、そのために行ったのは主に①新車の値引率拡大による売上高の確保、②型落ちの新車の安値販売、③新車より安価な価格で購入可能な中古車の値引販売、である。

　しかしながら、値引販売は当然利益率の悪化に直結する。目先の資金繰りの安定化を急ぐあまり、値引販売といういわば「禁じ手」に手を出したことの代償は高くついた。価格交渉をほとんど行うことなく、値引率の目標であった７％を下回る価格水準で販売したほか、原価割れすれすれとなるケースも存在した。これらにより、従前からの低利益率傾向に拍車がかかり、粗利率は約３ポイント低下した。

③高コスト体質

　以上のような状況であったにもかかわらず、高コスト体質は変わら

なかったことから、営業利益段階で赤字に転落した。

（3）目指す姿

　以上より、下記4点を目指す再生計画を実行することにした。
・資金繰りの安定
・粗利率の改善
・販管費の抑制
・バランスシートの正常化

3．再生計画の策定と提案のポイント

（1）本業支援のポイント

　本業支援にあたって心がけたポイントは、以下のとおりである。

①新車の値引販売の縮小

　新車販売における低下からの値引率を目標6％以下に設定し、1円でも多く粗利を確保することにこだわった価格交渉を徹底する。

②中古車の定価販売の厳守

　中古車の値引販売を原則撤廃し、定価での販売を厳守することで粗利率の向上を図る。

③資金繰りの安定化

　約定返済負担が大きかったことから、借入金の返済猶予に加え、正規代理店となっている自動車メーカーの日本法人に対して、短期の融資枠の増額により、非常時の資金繰りの安定を図った（極度額100百万円→300百万円へ増額）。

　上記の新車の値引販売の縮小、中古車の定価販売の徹底により、利益を確保することでキャッシュの創出に努めた。

　金融機関に対して、借入金の返済のリスケジュールを依頼した（後述）。

④不採算店舗の閉鎖

計画策定時点では、S社のショールームは本社含め3店舗あった。

そのうちの1店舗は、ショッピングモール内の店舗であったが、賃料負担が重く赤字基調が続いていたこと、店舗を維持する必然性に乏しかったことから、閉鎖に踏み切った。これにより、年間で約15百万円の販管費削減に資することとなった。

⑤バランスシートの改善

商圏と業績の拡大を目的として、本社がある隣県にも1996年から店舗を出店していた。当該店舗は店舗単位での経常利益は計上できていたものの、本社とは高速道路を使用して40分程度離れていることや、本社近隣に居住している従業員にとっては通勤に時間がかかり、そのための通勤手当も年間2百万円かかっていたことなどから、管理コストが課題となっていた。

そこで、同業他社に事業譲渡することで資金繰りの改善に資するとともに、在庫負担の軽減、固定資産のスリム化を行いバランスシートの改善を行った。また、当該店舗の売却による代金は借入金の返済に充当し、負債の圧縮とバランスシートの総資産の圧縮を行い、身軽な体質への転換を図った。

⑥長期的な販売戦略の策定

人口減少によりマーケットが縮小する中でも、地元の高級車ディーラーとして選ばれる存在となれるように、長期的な販売戦略を策定した。具体的には、下記のとおりである。

イ．アフターメンテナンス（整備）の充実

新車・中古車販売で培った顧客基盤の囲い込みとロイヤリティ向上のため、整備部門の充実を図った。

ロ．顧客紹介制度による割引

当社で以前に購入した顧客が顧客を紹介し成約に至った場合、車輌

金額に応じたキャッシュバック（最大3万円）を導入した。

（2）金融支援のポイント

金融支援のポイントとしては、以下のとおりである。

①当面の元本返済猶予

計画合意後、進行期と翌期（計画1期）は元本の返済猶予を依頼した。これにより、年間約定返済額に相当する121百万円のキャッシュフローを創出する。

②返済金額の軽減

計画2期以降については、フリーキャッシュフローの80％を返済原資とし、各金融機関の返済額については決算期末時点での残高によるプロラタ返済を依頼した。

（3）計画策定のポイント

①短期的施策

短期的には、上記のとおり粗利の確保や返済猶予、ディーラーの融資枠の増額により、資金繰りの安定化を最優先させることでキャッシュアウトの阻止を図る。

②中長期的施策

中長期的には、継続的なキャッシュの創出と安定した資金繰りの継続により、毎期確実に返済原資を確保できるように図った。

値引販売の抑制については、値引率の低い営業担当者を表彰するなど、インセンティブを与えることで、「量から質へ」のモチベーションを高めた。

（4）計画実行のポイント

月々の営業会議にて、達成状況と現状の状況について共有、達成の

ための対策を議論する。また、担当者ごとに粗利目標を設定し、粗利に関する意識を徹底する。

適切な値決めにより利益を確保することも計画実行のポイントである。

4．計画の進捗

策定した計画を踏まえ、Ｓ社では値引率の縮小（目標値引率６％以下）、中古車の定価販売を徹底することで、粗利率は計画策定前よりも約３ポイント上昇した。

コロナ禍で緊急事態宣言が発出された2020年３月〜５月にかけては、来店客数が落ち込んだことから売上高も前年対比で大きく減少したものの、その後は高級車に対する富裕層のニーズが根強く存在すること、ならびに車両整備に対するニーズは自動車の購買とは別に一定程度存在することから、売上高はコロナ禍前の水準に戻りつつある。

しかしながら、世界的な半導体の供給不足に端を発する自動車業界全体の減産基調や、コロナ禍の収束の見通しが不透明であることなどから、業況の見通しは依然として予断を許さない状況が続いており、再生についてはまだまだ道半ばである。業況については引き続きフォローが必要である。

中小企業診断士　松尾　光真

第5章

製造業

染色整理加工業

～売上高偏重から利益重視の経営への転換～

1．再生の着眼点

・大手企業等からの受託生産が主体だったことで醸成された企業文化
　の改革。
・原材料価格の上昇に対する耐性を持たせる（損益分岐点比率の低下）。
・受託型から企画提案型へのビジネスモデルの転換を図る。

2．事例企業の概要とフレームワーク

　繊維工業・繊維製品製造業は、繊維市場全体が縮小傾向にあること
から、売上高は全体的に減少傾向が続いている。さらに、原材料価格
の上昇傾向が続いているものの、原材料価格の上昇を販売価格に転嫁
することが難しく、低粗利率体質が続いている。

　また、大手企業等の下請業者として受託生産している企業が多く、
適正な加工賃が取りづらいことも特徴である。

（1）事例企業の概要

　H社は、繊維工業・繊維製品製造業の中でも染色整理加工業に分類
される事業を営む、年商約20億円程度の中堅企業である。染色整理加
工業とは、原糸を仕入れて編立を行い、編立を行った生地に対して薬
剤や染料を用いて加工することを中心とする業態である。

　仕入は原糸や染色用の薬剤や染料で、海外からの輸入に依存している。また、工場内における染色や乾燥にはボイラーを使用するが、その燃料として LNG を使用する。

　主力製品は、自動車用内装材の1つである表皮材（主にシートに使用される）であり、最終納品先は自動車シートを製造するメーカーである。このことから、H社は、自動車産業における広義の自動車部品メーカーの1社とみなせる。現在の自動車産業内におけるピラミッドにおいては、Tier3〜Tier4に位置している。

（2）窮境要因

①外的要因

　原材料を輸入に大きく依存しているため、為替相場の変動と原材料価格の高騰による影響を大きく受けやすい。

　自動車産業内において、製品コンセプトや仕様、規格は完成車メーカーと Tier 上位の部品メーカーでほぼ決まっており、Tier 下位に位置する当社は、商品開発において意向を反映できる余地がほとんどない。

　委託加工品について、納品先である Tier 上位メーカーが直納から商社利用を進めてきており、粗利率が悪化している。

②内的要因

　創業者のワンマンで強権的な事業運営の下、売上高と生産の架空計上が常態化しており、大量の不良品の発生とそれに伴う大量の不良在庫、架空の売上債権の計上を行ったことが足かせになっていた。

　Tier 上位のメーカーからの大口受注に依存した経営体質であり、従前の低粗利傾向が続いていたが、それに対する根本的な解決策は未着手であった。

　長年にわたって管理会計の導入運用は行われておらず、商品別や取引先別の損益状況についてはいわば「どんぶり勘定」の状態が続いて

おり、採算割れの商品も少なからず存在した。

　生産面においては、稼働状況や不具合の発生状況等に関するデータはあっても、管理がアナログであり、①適時適切な集計分析ができていない、②作業日報がなく、生産現場の作業者の作業実態を適切に把握できていない、③加工見積用のテーブルが10数年前のままであり、また工場別の原価把握ができていないことから、原価の正確な実態が分からない、などの問題点を抱えていた。

　H社は海外にも進出していたが、長期的な戦略やビジョンがなく取引先の要請のままに進出してしまったため、海外事業は当初から赤字基調が続いており、その赤字の補填のために巨額の資金がH社本体からキャッシュアウトしていた。

（3）目指す姿

　上記に基づき、下記を目指す再生計画を策定した。

・経営方針の明確化
・売上高偏重主義から粗利重視への転換
・従業員に収益に対する認識、生産性向上への意識を浸透させる
・人事面の諸施策の実施による職場環境改善
・生産面の改善による業務効率化
・海外事業の収益改善と見直し

3．再生計画の策定と提案のポイント

（1）本業支援のポイント

①経営方針の明確化

　経営改善計画策定前からH社の施策として行っていた、ISO14001の取得に向けた各種業務の棚卸と効率化、社内体制の整備を通じて、

従前のアナログ・成行きなマネジメントからの脱却による改善を図る
とともに、社内外に対して経営方針の明確化を図った。

②目標売上高の確保とさらなる増加のための取組み

　従前からのH社の主力商品である、委託加工品（メーカーから依頼
を受けて委託生産を行う）については、売上高の大きな柱であること
から、基本的には売上高を大きく損なわないように維持確保に努める
ことを前提方針とする。

　また、自社企画商品の生産開発にも注力することで、中長期的に収
益の柱となりうる目玉商品へと育て上げる。

　今まではメーカーからの受注待ち、御用聞きだった「待ち」の営業
姿勢を転換し、社長や他の役員のネットワークを駆使して、Tier上
位のメーカーに対して積極的な営業や商談機会を設け、「攻め」の営
業へと転換することとした。

③粗利率の向上

　取引先別、商品別、工場別に売上高と貢献利益を明確化し、極端な
低粗利率ならびに赤字受注になっているものについては、新規分から
生産中止とすることで止血を行うとともに、大口取引先、大口商品に
ついては粗利率や粗利金額、生産数量や生産コストに留意しつつ、原
材料高の高騰が続いていることを踏まえ、適宜価格交渉を行う。

　製造原価の原材料については、定期的な相見積の実施による仕入先
の見直しは当然のこと、「何が」「いつ」「どの部分に」「どれだけ」か
かっているかを見える化、検証できる仕組みづくりを行う。

④生産工程における改善

　生産工程において、日々の点検チェックシートに状況を記録するだ
けでなく、機器の稼働状況や不良品の発生状況について部署内、なら
びに部署を横断して共有することで、稼働状況や他部署の現状を適時
適切に把握する。

所要在庫の上限を設定し、それ以上の在庫は基本的に持たないような発注・購買を励行する。

生産工程におけるムダ・ムラがないかを定期的に見直すことで、染料や薬剤、LNG の価格上昇に対する耐性をつけ、費用の増加を抑制する。

⑤管理会計制度の本格運用と充実

商品別、取引先別の月次損益の予実管理について、主要商品と主要取引先だけにとどまっていたものを、品番別や少額の取引先別まで範囲を広げることで、よりきめ細やかで精緻な対比分析を行うようにする。

拠点別（工場、本社）の損益管理制度を導入し、月次で損益を管理するようにした。

据え置きのままになっている加工見積用のテーブルを見直し、実際に即したものに改定するとともに、定期的（1年）に見直し改定することで、正確な原価の把握を行う。

⑥人事制度の改善

人事考課制度を再開し、頑張って結果を残した従業員が報われるようにする。

業務改善や営業等で優秀な実績を挙げた従業員に対して毎月社長表彰を行い、賞与や昇給昇格等、人事評価の加点要素とする。

業務関連資格の取得を推奨し、取得者に対しては報奨金や手当の支給を行う。

⑦実効性を持った会議体への変革

会議については、単なる情報共有と連絡事項の伝達の場から、PDCAサイクルの実践の場、すなわち目標の達成状況の認識とその乖離の原因の究明、今後の方針を決めるように改善することで、経営改善に資する場とする。

⑧海外事業の収益改善と見直し

　慢性的な赤字基調が続いている海外事業について、早期に黒字化させることで、海外事業を安定的に成長軌道に乗せるとともに、Ｈ社本体からのキャッシュアウトに歯止めをかける。

　具体的には、売上高の減少傾向が続いていた商品の取扱いを順次取りやめるとともに、現地にて需要の強い商品へとシフトする。計画期間（3期間）を通じて営業損益段階で黒字転換しない場合には、海外事業そのものからの撤退を検討する。

（2）金融支援のポイント

　対象となる金融債権者に対しては、借入期の返済リスケジュールを依頼した。

　計画0期（本経営改善計画を策定した進行期）については、返済猶予を依頼した。

　計画1期（2022年12月期）～計画3期（2024年12月期）については、将来損益が利益計画から乖離するリスク、予測不能な修繕や設備投資が発生するリスクなどを考慮し、毎期フリーキャッシュフローの約80％を返済するものとした。

　手形割引については、実行支援の継続を依頼した。

（3）計画策定のポイント

①短期的観点

　短期的には、大口取引先との売上高を失うことで経営全般に対するダメージを与えないよう、大口取引先に対する売上高は少なくとも現状維持できるように QCD（Quality・Cost・Delivery）の担保に努めることとした。また、赤字商品や取引先については、既に生産が決まっているものをもって当該商品の生産を終了するとともに、極端な低粗

利先については撤退基準を明確化し、改善の見込がない先については取引を打ち切った。

　計画策定と時期を同じくして進めていた、ISO14001の早期取得を行う。

　中長期的にH社の収益の柱とするために、社長ならびに経営陣自ら自社企画商品の開発と営業に注力する。

②**中長期的観点**

　自動車産業における Tier 下位、下請の立ち位置からの脱却に向けた取組みを進める。具体的には、単価の高い自社企画商品の積極的な営業と、取扱の比重を増やす。

　また、従前からの主力商品である、自動車部品メーカーからの委託加工品については、極端な減少を避けるべく売上高を確保しつつ、粗利率や生産効率を踏まえた価格交渉を行うこととした。

（4）計画実行のポイント

　策定した計画については、いわゆる「絵に描いた餅」にならないよう、毎月の経営会議、取締役会にて進捗状況を報告し、計画と実際に乖離がある場合にはその原因を議論し究明した上で、次月以降の施策に生かすようにする。

　毎月の結果については、全社の朝礼で社長自らが公表し全社員に共有するとともに、各部門長に伝達し部門内のミーティングでも適宜共有するようにして、従業員への意識付けを行っている。

4．計画の進捗

　現在計画期間内であるが、コロナ禍や米中対立、円安基調や原材料高騰が続いており、経営環境については予断を許さない状況が続いて

いる。

　こうした中、売上高については、上記の外部環境の厳しさなどにより、やや計画を下回って推移しているものの、より利益率の高い自社企画商品として開発した、自動車室内の天井部分に使用する部品の売上金額は目標を上回っていることから、全体としての粗利率は改善している。

　営業利益についても、粗利率の改善に加えて販管費の見直しも行ったことから、わずかではあるが計画を上回って推移している。

　海外事業の黒字化については、需要が強く、かつ利益率の高い商品の販売に注力していることから、計画1期から営業黒字に転換するなど、滑り出しは堅調である。

　返済についても、計画で策定した返済を実行できる見通しである。

中小企業診断士　松尾　光真　

海産物加工販売業
～新商品開発を端緒として新販路を開拓し
　　　　　　巨額の債務超過解消に挑む～

1．再生の着眼点

・洋食化や時短料理のニーズへの対応による商品の付加価値向上
・新商品開発への積極的取組み（当業界における新商品開発コストは
　相対的に低い場合が多い）
・海況等による原料調達の不安定性による原料在庫過剰への対処

2．事例企業の概要とフレームワーク

（1）事例企業の概要

　T社は、味付海苔や焼海苔を製造販売する会社として、約60年前に
創業された。再生対象となった時点で、年商が20億円強、従業員数は
非正規雇用を含めて約120名の規模であり、製造本部、営業本部及び
管理本部から構成されていた。焼海苔の生産に際しては、調達した板
海苔に焼加工を行う。味付海苔では、醤油、鰹節、アゴ等を用いて味
液を製造し、それを板海苔に塗布した後に焼加工を行う。

　海苔の販売数量・単価の長期低迷傾向に危機感を抱いた創業者は、
海苔から派生する商品として、ふりかけや麺つゆ等を継続的に開発し
てきた。また、創業者が漁業権を有していたことから、収穫した原料
を直接加工可能な、海に面した工場を有している。この製造拠点では、
板海苔に加工される前の原藻を漁師から直接調達し、それに味付けを

行っただけで瓶詰めにした商品も生産している。

　製品の用途は、家庭消費用、贈答用及び業務用（飲食店や旅館向けなど）に類別される。家庭消費用と贈答用については、卸経由での販売の他に地元小売チェーン等へ直売している。なお、T社は大手商社系と独立系の双方の大手食品卸に口座を有しており、間接販売の比率が高い。

（2）窮境要因

　バブル期の過剰投資により、1997年にはT社の損益分岐点比率は90％弱に達した。その頃、上場企業であった地場の大規模小売チェーンが事実上倒産した。商圏の人口減少のみならず購買力低下もあり、2010年に至るまで減収減益が続いた。この間に創業者の長男が社長に就任したものの、対前年で売上高数％増の予算を約10期連続で達成できなかった。その一方で人件費をはじめ販管費は増加し、営業赤字が続いた。

　この窮状から脱するために、社長は、海苔の成分を活用したサプリメント市場へ進出した。開発に必要な人材を中途採用し、原末（有効成分）製造を外注して商品化にこぎつけた。交際費を使う場において、地元出身タレントの母親と親交があったことから、この女性を用いた宣伝も行った。しかし、知名度の高い大企業が少なくないサプリメント市場において、地方の中小企業の製品はほとんど売れなかった。その間も広告費や交際費は増加を続け、1億円に迫る債務超過に陥り、債務償還年数は100年を超えた。

　そしてリーマンショックが発生し、融資を受けていた信用組合から貸出上限を設定された。この対策として、メインバンクである地銀に追加融資を打診した。しかし、以前より粉飾の疑念を持たれており、逆にバンクミーティング開催を迫られた。これに応じなかったために

短期の借換えにも難航するようになったのを機に、筆者が参画し収益力強化に取り組むことになった。

　操業度向上による大幅な増益を図って運転資金借入額を増加させる計画を策定しメインバンクに説明したが、追加融資が他金融機関への返済に回ること（ハネ資金）も警戒され、「原料在庫を活用すれば、運転資金を増加させずとも操業度を向上できるはず」と拒絶された。そこで、流動資産をどの程度現金化できるかを精査したところ、新たに億単位の不良債権の存在が発覚した。

（3）目指す姿

　営業赤字を続けてきたT社にとって、再生の最初の関門である単年度黒字化は極めて困難な目標と感じられていたものの、少なからぬ赤字のサプリメント事業を整理して冗費を徹底的に節減すれば、単年度黒字化は視野に入りそうであった。しかし緊急外科手術的な止血だけでは縮小均衡に陥り、債務超過解消に20年以上を要すると見込まれた。

　したがって、売上高漸減傾向からの脱却が必須であり、そのためには自社の強みの活用が肝要である。

　T社には、大手食品卸に保有する口座と、採れたての原藻を直接加工できる工場という強みがあった。二代目社長や生え抜きの役員には、これらを積極的に活用する意識がなかったが、中途入社の中堅営業マンの1人（M氏）は、特色ある製品を都市圏で販売すれば、少なからぬ増収増益が可能と見ていた。外部の筆者から見ても、衰退する地元を中心とした商圏での価格競争が低収益性の根本原因であり、M氏と同じ見解に至っていた。

　再生事案に限らず、計画の実行段階では有形無形の抵抗に遭遇する。再生対象となり抵抗が抑制されやすい状況ではあったものの、対策を着実に実施する上では、M氏の存在は貴重であった。M氏は営業成績

も優秀であり、売れる市場で高付加価値品を拡販するという最重要施策の実行に際してのキーパーソンとなると期待された。

3．再生計画の策定と提案のポイント

（1）本業支援のポイント

　既存市場に既存商品を提供している限り増益は期し難く、都市圏での高付加価値品販売は不可避であった。さらに「新商品×既存市場」の線も、役員や営業の幹部社員と議論した。地元の商圏は衰退傾向ではあるが、百貨店や過度な価格競争に走らない小売チェーン等、高付加価値品の拡販余地があった。既に、想定ターゲットとの取引もあり、リスク・リターンが比較的小さい対策の併用は現実的であった。

　なお、「既存商品×既存市場」については、基本的に不採算販売の整理に取り組んだ。日々の食卓に上る焼海苔や味付海苔は大手小売店で特売の対象になりがちで、通年では粗利で赤字という取引が散見された。営業マンからは「この取引があるから高利益率の中元・歳暮も取り扱ってもらえる」との声もあった。しかし財務体質に鑑みて、原材料費率が高い製品の粗利段階の赤字は容認されない。また、NB品との価格競争に勝機は乏しく、値引率に制限を設けて赤字取引からの撤退を進めた。

（2）金融支援のポイント
①再生案件となる以前

　短期借入の借換えに難航し始めた頃から、筆者を交えて財務体質改善に取り組み、冗費を徹底的に削減した。役員報酬は当然として、等級制度と賃金制度の見直しにより従業員の給与も引き下げた。原料在庫の回転率を高めたり大口得意先の手形のサイトを短縮してもらった

りして、資金繰り改善に取り組んだ。これらの取組みと一定範囲の粉飾内容を日本政策金融公庫に説明し、月次での詳細な財務状況報告等を条件として、劣後ローンが実行された。

その上で、前述の「億単位の不良債権」への対応に着手した。古い得意先の1社（K食品）が極端な低価格販売を繰り返し、債務超過に陥っていた。資金繰り繁忙な中、T社から仕入れて売上原価を下回る価格で販売する自転車操業を続けていた。そこでK食品に対して経費削減や新規販売先開拓を半年近く指導したのだが、同社の経営者は真剣に取り組まず改善が見られなかったので、K食品への販売を停止した。結局、K食品は破綻し、その法的整理の過程で数％しか回収できなかったものの、さらなる不良債権の増加には歯止めをかけられた。

② **再生案件となった時点**

度重なる融資交渉を続けたものの、メガバンクの1行に短期の借換えを拒否され、信用保証協会に駆け込むに至った。その時点では高付加価値品拡販や不採算取引整理の効果も出始めていたし、財務デューディリジェンスによる清算価値の低さもあり、T社を存続させる合理性が認識された。

再生案件となった後は粉飾懸念も払拭されるとともに、定期的なバンクミーティングにより透明性が確保され「ハネ資金」の警戒もなくなった。金融機関との交渉の負担は、繰上返済を求めるメガバンクとのそれを除いて激減した。デューディリジェンスの費用負担は決して小さくはなかったが、結果的に各金融機関の協調体制が構築された形となり、資金繰りの繁忙さは大きく改善された。

（3）計画策定のポイント

再生対象となれば経費削減やリストラは不可欠であろうが、縮むだけでは中長期的な収益力を強化できない。冗費の徹底削減は当然とし

ても、合理化、商品開発及び販路開拓への適切な投資が必要だ。事業戦略の方向性やマーケティング面の施策等、何に注目してどう業績を伸ばすかを練り上げ、それをP/L、B/Sに落とし込んだ。T社の場合、再生対象となる前から、冗費節減に取り組むとともに新商品投入と都市圏進出の成果が出つつあり、説得力ある再生計画を立案できた。なお、人件費の見直しに際しては、事業遂行主体は従業員なので、メリハリをつけつつも一定の安心感を得られるように配慮した。

　「5年以内に債務超過解消」等「ゴールありき」でP/L、B/Sの見通しを作成する場合もあろう。しかし、再生計画の利益の8割を下回ると容易ならざる事態になる。計画の実現可能性が乏しいと真剣に取り組んで目標を達成しようという意欲も生じ難いので、相当な努力で取り組めば達成できる水準の目標を設定した。

（4）計画実行のポイント

①マーケティング

　「田舎の会社の商品は都会では通用しない」や「交通費や物流費がかかり、営業利益は増えない」等の理由から、営業担当役員が、都市圏進出への反対姿勢を崩さなかった。この役員は恣意的な人事評価により従業員に隠然たる支配力を有しており、ほとんどの営業マンはその意向に反する取組みには及び腰であった。

　そこで、「都会で通用する」商品の開発に取り組んだ。東阪の量販店視察を通じて、同程度の売上規模の地方の高級加工食品メーカー（S社）の商品に着目した。社内で試食すると、価格と味のバランスが良いとは感じられないとの意見が大半であった。これで通用するなら、既存の原材料の組合せを工夫してモダンなパッケージを採用すれば、新規設備投資を要せずに3カ月程度で新商品を開発できそうだった。大阪のデザイン事務所に依頼して、従来のT社の製品にはない斬新な

デザインの制作に取り組み、同様の原料を使用していた既存商品の3.5倍の価格のパーソナルギフトとして発売した。

　T社の知名度は都市圏では皆無ではあったものの、味とデザインの両面で前述のS社の商品に後れを取るものではないとの確信を抱いて、M氏が率いる数名の都市圏開拓営業チームは動き出した。地元では一定の知名度がありルート営業に安住していたが、都市圏では小売のバイヤーに商品を提案して、採用してもらわなければならない。提案先の小売業者を、高付加価値品の販売力でリストアップし、高級スーパーマーケットや上質志向のカタログ通販サイト等に果敢にチャレンジした。アポイントすら取れないことも珍しくなかったが、リストの上位からドアオープンを試みた。その間に調理例を準備しつつ、商談の場では、味へのこだわりや海に面した工場等を訴求するとともに試食を提供した。それに対する反応を次の商談に活かし、「走りながら考える」を徹底した。

　マルシェ等の催事への積極的参加もあり、新開発したパーソナルギフトも売れ、これ以降も継続的に新商品を開発した。鮮度が決め手となる「海苔の原藻に味付けを行っただけで瓶詰めにした商品」も、生産者は昔から味わってきたものの一般の消費者には届けられなかった希少な商品として採用された。これに伴い、既存の高付加価値品の受注も大きく伸びた。結果として都市圏での販売は、2年目には売上高で約108百万円、売上総利益で28百万円強に達した。

　この結果を見て、営業担当役員のネガティブな姿勢も変化した。地元担当の営業チームも、百貨店の外商や系列のスーパーマーケット等に、新商品や既存の高付加価値品を提案するようになった。さらに、都市圏開拓営業チームが24時間放送のテレビショッピングとの商談をまとめると、社長自らが実演販売を行うようにもなった。

②生産

　積極的な新商品投入に伴い多品種少量生産が求められ、段取替え時間の増加やロス率の悪化が懸念された。そこで、新製品を中心に予定時間・ロス率と実績の差のモニタリングを開始した。「QC7つ道具」の1つである管理図の考え方で異常値を認識し、その原因究明と再発防止を徹底した。

　この過程で予防保全の必要性も顕在化した。ほとんどの主要設備はバブル期に導入され、老朽化が進んでいた。それまでは数カ月に1回程度、1時間以上の設備停止が生じていたので、消耗の激しい部分を定期的に点検して、部品交換したり調整精度を高めたりするようにした。交換部品が入手困難な場合もあり、予防保全の効果は想定よりも大きかった。

③その他

イ．PDCA サイクルの精度向上

　新商品開発や新規販売先開拓は「やってみなければ分からない」ものなので、期中のコントロールが重要である。そこで、拡販に係る施策等の取組状況と結果を月次で整理し、四半期ごとに年度末の着地を予想した。その結果を踏まえ、施策の変更や一時的な経費削減の強化を実施した。変動損益計算書による予算を策定していたので、マーケティング関連施策の変更に伴う売上高や経費の増減に応じて、CVP分析（損益分岐点分析）により営業利益を算出でき、期中での軌道修正策を柔軟に検討できた。

ロ．コミュニケーションプラン

　従業員に対して困窮の全容を詳らかにできないが、一定の範囲で、現在の危機的状況、そこからどう脱却しようとしているのか、及び従業員への影響やお願いを理解してもらうことは、士気や退職防止の点でも不可欠だ。そこで、筆者の参画を機に、全従業員への発信にも取

り組んだ。状況説明に始まり、当初の１年間は四半期ごとに全体会議を開催して現状や主要課題を共有した。翌年以降は、年に１回、前期を総括して今期の課題と目標を各部署が発表する場を設定した。

4．計画の進捗

巨額の債務超過により再生計画期間は異例の10年間に及んだ。当初の５年間を振り返ると、新商品開発や新規取引先開拓に社運を賭けざるを得ない状況で、金融機関に経営状況を月次で報告して理解を得る努力を続けた。２年目には社長以下、全社で危機感が共有され、計画どおりに新商品が売れなかったり新規販売先開拓が難航したりした局面でも、「やるしかない」という意識で機動的に対応できた。３年目に入ると、高付加価値商品の拡売も軌道に乗り、営業利益は64百万円弱に達し、目標利益を大きく上回った。

しかし、危機感が薄れるにつれ、次期の課題の形成に積極的でなくなったり、期中の差異対策においても「できませんでした」が続いたりしてきた。社長自身も「まあ、いいか」という姿勢が目立ち始めた。それでも、５年目までは毎年、目標利益を達成し、再生支援協議会を「卒業」できた。

粉飾解消に伴う繰越欠損金による税負担軽減もあったものの、その時点ではまだ債務超過であった。にもかかわらず、緊張感は徐々に失われ、交際費は増加の一途となった。さらに、従業員の人件費を回復させることなく、社長以下役員の報酬を引き上げた。そのような動きが社内に公表されたわけではないものの、従業員に漏れ伝わり士気が低下した。M氏をはじめ、優秀な従業員が数名退職したこともあり、業績は下降し始めた。結局、再生計画の８年目の時点で、営業利益は30百万円強とピーク時の半分にも届かず、▲32百万円の債務超過であっ

■図表　経常利益の計画と実績の推移

（単位：百万円）

年度	計画	実績
N－1	－	43.4
N	67.1	89.4
N＋1	71.1	105.1
N＋2	81.2	110.8
N＋3	83.3	147.8
N＋4	85.6	95.2
N＋5	87.4	28.8
N＋6	87.1	12.5
N＋7	88.6	15.6
N＋8	90.7	4.6

・N年度が再生初年度
・N＋7年度は、雇用調整助成金や障害者雇用助成金等、5件
　の助成金を中心として約44.5百万円の雑収入あり

た。再生支援協議会等の外部からのチェックがなくなり「易きに流れ
る」のは、ある程度は避けられない。困窮に陥るまでの経緯からも、
経営陣による自己統制は期し難い。債務超過解消が捗らず銀行管理が
強化されれば、緊張感も戻ると予想される。

　なおT社の場合、日本政策金融公庫からの融資に際して「一時的に
財務が改善しても、社長のような方の場合、すぐに緩んでしまうから
融資が無駄になる」と断言されたこともあり、社長の人柄が急速な収
益低下の主因と考えられる。実際に、事業デューディリジェンスの担
当者からは、創業者一族の株式放棄と退陣を婉曲に求められた。しか
し、火中の栗を拾う者はなく経営体制は変わらなかった。社長自身は
経営への執着はなく、再生計画立案時に「私と家族の生活が一番大
切」と断言されたので、部長相当の方を教育して実質的にマネジメン
トを担ってもらう必要があろう。

中小企業診断士　橋本　佳士

内装工事用木製品製造業

～家族経営に近い小規模製造業でもできる改善施策～

1．再生の着眼点

- ・月次の経営管理の実行をアクションプランに盛り込み、顧問税理士の協力も仰いで実行支援
- ・具体的な拡販方法のアドバイスと勘に頼らない定量的なコスト見積による価格設定
- ・売上高拡大にも、利益率拡大にも必要な工場の改善活動

2．事例企業の概要とフレームワーク

（1）事例企業の概要

　Ｔ製作所は中国地方に所在し、主な事業は建設現場向け木製什器・備品の製造販売である。事業拠点は本社兼工場１カ所のみであり、従業員数は９名でうちパートは４名となっている。役員は社長夫妻と会長（社長の義父）の３名である。会長は常勤で現場に出て作業を行っているが、経営は娘夫妻に任せており口出しはしないため、経営は社長夫妻で行っている。役員である社長の妻（会長の娘）は総務経理を担当し、現場での作業は手伝い程度である。

　受注内容は受注のたびに毎回仕様、図面が異なるものがほとんどであり、同じ仕様で複数回受注するものもあるにはあるが、多くはない。売上高の大半を１社の顧客（Ｈ社）に依存している。

（2）窮境要因

　主要顧客であるＨ社からの受注は価格が安いものが多く、利益率が良いとは言えない案件が大半であった。その一方で、Ｔ製作所は特に取引先を増やす営業活動は行わず、顧客からの受注を待つ受け身の姿勢での経営となっていた。工場での生産をはじめとした内部の業務についても、従来どおりのやり方を続けており、改善活動は行っていなかった。その結果、直近10期程度を見れば黒字を計上した期もあるものの、基本的に赤字基調であり、借入金が膨らむ結果となっていた。

（3）目指す姿

　顧客からの引合いがある案件を顧客の指値でそのまま受注し、工場の生産や社内の業務も前例を踏襲するのみという受け身の姿勢から脱却し、自ら経営状況の現状を把握して、営業面でも、内部の業務改善面でも自主的、自律的に事業活動を展開する企業を目指す。こういった方針の下策定した改善計画は社長夫妻の納得も得ることができ、企業、金融機関、支援専門家の共通認識の下で実行することができた。

3．再生計画の策定と提案のポイント

（1）本業支援のポイント

　受け身の姿勢から脱却して取引顧客数と売上高を増やすために実行すべきことは何なのかを社長夫妻と支援専門家で打ち合わせ、社長夫妻の納得の上で実行できること、実行して意味のあることをアクションプランとしてまとめた。それらの効果の損益計画への反映については、かなり保守的な水準とした。アクションプランの効果が100％発揮できる前提での損益計画とはせずに、アクションプランが想定どおりに実行できなかったり、効果が予想どおりに出なかったりした時に

即座に返済計画が破綻しないようにする一方、失敗を恐れずに取り組む、ある程度は野心的なものにした。

（2）金融支援のポイント

　資本性ローンの導入と既存借入金のリスケジュールによる支援を受けた。進行期（計画０期）と計画１期の返済計画は資金繰りの安定化と確保を優先し、フリーキャッシュフローに対して低い水準とした。

（3）計画策定のポイント

①数値計画

　進行期はほぼ直近期同等の売上高、営業利益を目指す計画となっているが、計画１期以降は徐々に売上高を伸ばす計画としている（図表参照）。会長や高齢の従業員の引退を見据えて、製造作業の世代交代が必要であるため計画２期には従業員の雇用による労務費の増加を見込んでいる。また、それに加えて計画３期には老朽化設備の更新も見込んでおり、それらによって売上原価が増加している。

■図表　損益計画

（単位：千円）

	－３期	－２期	－１期 （直近期）	０期 （進行期）	１期	２期	３期
売上高	69,971	82,773	76,473	75,521	76,811	78,419	80,181
売上原価	8,171	35,730	35,756	35,386	35,715	41,000	43,089
売上総利益	61,800	47,043	40,717	40,135	41,096	37,419	37,092
販売費及び 一般管理費	70,304	35,290	34,972	35,227	33,699	33,878	33,901
営業利益	▲8,504	11,754	5,745	4,909	7,397	3,541	3,191
営業外収益	127	2,596	1,792	1,329	1,654	1,522	1,838
営業外費用	3,083	3,045	3,058	2,765	2,586	2,678	2,508
経常利益	▲11,460	11,304	4,479	3,472	6,465	2,385	2,522

②アクションプラン

アクションプランには経営管理体制の改善と、改善計画の着実な実行を目的に月次での数値計画と試算表実績の確認を含めた。

営業面では会社のウェブサイトの作成、過去に取引実績があるが現在は取引していない会社への営業及び紹介営業、「コスト見積シート」の作成と運用に取り組んだ。「コスト見積シート」とは、引合いをもらった時にその案件に対する売上原価と販売費及び一般管理費にあたるコストを簡易に試算できるようにするためのワークシートである。

工場の業務改善についても重視した。製造業一般に言えることであるが、受注を多く取れても生産能力が追い付かなければ生産高が上がらず、売上高も上がらない。そこで、作業時間短縮のために作業状況をビデオカメラと三脚を用いて撮影し、それを観察して作業効率を改善できる箇所を発見することとした。

さらに製造業の基本である５Ｓ活動のうち、まずは整理・整頓を行った。特に効率的に作業できるように、設備のレイアウトを工夫したり、消耗品や工具を探すことなく素早く取り出せるように、配置や表示の改善や通路を常に空けておくことなどに取り組んだ。

このようにアクションプランは、工場の内部改善によって効率を改善し、コスト見積を行い、それに基づいて受注可否の判断と価格交渉を実施することで利益率の向上を図り、さらに取引先の拡大のための営業活動で受注を増やすことを意図したものとした。

（４）計画実行のポイント

社長夫妻は計画の内容に十分納得しており、やる気もあるものの、これまでこういった改善活動に取り組んだことはなかった。幸い、顧問税理士が経営改善の支援に前向きであったため、アクションプランの実行についてもある程度支援が受けられた。実行支援は具体的なア

クションプランの実行方法のアドバイスだけでなく、経営者だけの取組みでは日々の業務の忙しさから実行を先送りしてしまうといった事態を避けるという面での効果も期待できる。

4. 計画の進捗

　アクションプランについては、「コスト見積シート」の運用や毎月の経営管理については非常にうまく実行できた。経営管理については数値計画との対比に加えて、これまで行えていなかった資金繰り表による資金繰り管理についてもできるようになった。顧問税理士のサポートの効果もあって、自社の現状を損益数値や現預金残高で把握し、それらの今後の見通しをつけられるようになったといえる。

　ただし、こういった経営管理面での大きな成果に対して、営業面ではウェブサイトの構築はできたものの、顧客開拓については一定の効果はあったが、顕著な成果にまでは至らなかった。営業を担当できる人員が社長1人であり、製造業務も兼務しているということと、性格的に営業開拓に向いていないことも影響していた。

　工場の内部改善についても、営業面同様、一定の効果はあったものの大幅な改善には至らなかった。これについても日々の製造業務の実施で精一杯で、なかなか改善活動まで手が回りにくかったことが実態であり、支援専門家が支援していなければさらに実行が滞ったであろうことが推測される。

　数値結果については、0期と1期は計画の売上高と利益を達成することができた。計画2期以降はどうなったかは分からないが、関与しなくなった時点では順調に進捗していた。

中小企業診断士　島田　尚往

4　印刷関連産業

商業印刷業

～営業刷新に着眼し抜本的な再生に挑戦～

1．再生の着眼点

・印刷物製造請負業から、印刷物を核とした顧客企業のコミュニケーション課題解決業への変革推進
・御用聞き営業から、自ら仕事を創造する提案営業への変革
・デジタル時代に対応した印刷設備への転換

2．事例企業の概要とフレームワーク

（1）事例企業の概要

　事例企業は、地方都市に本社を有する長い歴史を誇る商業印刷分野を主力とする印刷会社である。かつて商業印刷領域の伸長に伴い、大型印刷機を導入し事業を拡大させてきた。しかし、デジタル化の進展に伴い、商業印刷物の相対的価値が減少する中にあって、顧客企業の引合いを受けて印刷物を受注・制作する営業スタイルから脱却できず、連続減収が続いていた。さらに2020年の新型コロナウィルス感染症の拡大で、企業の販促物制作やイベント実施が抑制される事態となり、さらに受注減に拍車がかかった。

（2）窮境要因

　窮境要因を外部要因と内部要因に分けて整理すると次のとおり。

■図表　事例企業の P/L と関連指標

		N-2期	N-1期	N 期
売上高		1,031	939	833
	材料費	406	375	336
	外注加工費	111	98	56
	運賃	43	38	39
変動費（合計）		561	511	431
限界利益額		470	428	403
	人件費・労務費	277	276	260
	減価償却費	56	59	58
	その他固定費	163	154	118
固定費（合計）		496	489	436
営業利益		▲26	▲61	▲34

		N-2期	N-1期	N 期
	材料費率	39.4%	39.9%	40.3%
変動費率		54.4%	54.4%	51.7%
労働分配率		59.0%	64.4%	64.6%
固定比率		48.1%	52.1%	52.4%
営業利益率		▲2.5%	▲6.5%	▲4.1%

※労働分配率は、人件費／限界利益額にて計算。
※上記数値は事例企業を参考にモデル化したものである。

①外部環境要因

イ．デジタルシフトが進み、印刷媒体の価値が相対的に下がり、需要
　　自体が減少。ネット印刷の進展による価格破壊も進んでいる。

ロ．大手印刷会社を中心に内製化が進み、業界内融通に頼っていた部
　　分について、下請受注自体が減少傾向にある。

ハ．材料費、運送費は上昇傾向が続く中、印刷単価への価格転嫁は、
　　相対的価値低下もあり難しい状況にある。

ニ．コロナ禍は顧客企業のイベント中止や販促費削減に繋がった。

②内部環境要因

イ．下請中心・待ちの姿勢から、攻めの「創注営業」への変革が遅れたこと。

ロ．環境変化に対応した、顧客企業の売上拡大ソリューションの展開がハード、ソフトともに遅れたこと。

ハ．挑戦を積極的に後押しする社風づくりと人材育成が遅れたこと。

ニ．数年にわたり人材流出が続き、経験ある人材が減少したこと。

（3）目指す姿

①デジタル時代に即した商品ラインナップ

多品種少量・バリアブル印刷（データに基づいて、意匠やテキストを可変させながら行う印刷）、事務局等の BPO（顧客業務の一部請負）、クロスメディア展開など時代に即した領域の対応力を有した商品ラインナップの拡充が必要となる。

②創注型営業による高付加価値印刷業への転換

印刷物製造中心から、顧客課題（売上向上、業務効率化など）解決の企画・提案を伴った高付加価値印刷会社としての地位確立が求められる。前提として、営業のマーケティング・販売促進・業界知識・セールス力の充実が求められる。

③高収益を生む生産体制にシフト

老朽化した大型印刷設備の予防保全を徹底しながら、事業継続に必要な限界利益額や設備別収益性を見据えて、順次デジタル時代に適した、比較的低コストのオンデマンド印刷への転換が求められる。

④プロデュース力の強化

クロスメディア展開が当たり前の時代にあって、自社だけで解決できない内容も他社連携も含めてプロデュースできる能力を備える必要がある。

3．再生計画の策定と提案のポイント

（1）本業支援のポイント

①新しいリーダーを抜擢

　企画提案等の経験が比較的豊富な中堅社員を営業部門長へ抜擢した。

②若手営業社員に挑戦機会を提供

　今までの営業スタイルに慣れ切ったベテラン営業に変革を委ねるの
でなく、若手営業を軸に事業変革のチャレンジを進めている。

③設備の入れ替え

　重厚長大な印刷機から、多品種小ロット対応や IT と親和性の高い
オンデマンド印刷機へのシフトを進めていく。

④新商品開発

　自ら商品開発等に取り組む。オンデマンド印刷機を活用したバリア
ブル印刷やキャンペーン事務局受託等の取組みを開始した。

（2）金融支援のポイント

　営業力の刷新に要する期間における、返済負担の低減と、資金の確
保を主旨として以下の金融支援を依頼した。

イ．資金繰りの安定化及び借入金の計画的な返済のため、リスケ
　ジュールによる金融支援を依頼した。

ロ．金融債務の返済原資は、予想フリーキャッシュフロー（FCF）と
　した。将来損益が利益計画から乖離するリスク、予測不能な修繕や
　設備投資が発生するリスクなどを考慮し、フリーキャッシュフロー
　の80％を年間返済額とした。

（3）計画策定のポイント

　環境変化に対応した業務刷新と収益力の回復が最大のポイントとな

る。そのために以下の内容を中心に計画策定した。

①重点領域を選定

　限られた時間の中で成果を出すために、重点顧客や重点領域を定め、その範囲での提案力強化を行うこととした。

②営業の知識・スキル拡充

　受注体質から創注体質への転換を図るためには、印刷物製造の知識だけでなく、顧客企業の売上や利益向上を顧客企業担当者とともに検討し、提案できるだけの業界知識・販促知識が必要である。そのために、1人ひとりが専門分野を持ち、それを社内勉強会等で共有する。

③新しい販売方法への挑戦

　1社・1案件当たりの単価が下がっている状況で、従来型のルート営業だけでは、生産性の高い営業活動を行うことは難しい。SNS やチラシ等も活用した、営業だけに頼らないマーケティング施策も行う。

④デジタル時代に合致した現実的な規模での設備投資

　非常に高価である輪転機や枚葉印刷機は、環境変化への対応が難しく、また事例企業の財務基盤からも投資・大規模修繕が難しい。比較的安価で対応範囲の広いオンデマンド印刷機へのシフトを進める。

⑤変動費率低減と総修繕コストの抑制

　販売不振の中でも利益を確保していくために、印刷業において変動費の大部分を占める用紙仕入の精査等による変動費率の低減に取り組むとともに、老朽化する大型設備の予防保全を徹底することで、資金負担が極めて大きい大規模修繕の発生を防ぐ。

（4）計画実行のポイント

　長年の待ちの営業スタイル、顧客企業からの依頼を起点とした営業文化からの変革は簡単なことではない。新しい取組みに対する抵抗感も強い。このような状況の中で計画を確実に実行していくためには、

以下の点がポイントとなる。

①業績先行管理

事例企業の課題は、販売不振からの脱却であり、そのために目標必達の意識を営業が持ち、自ら工夫を繰り返すことが重要である。そのために、目標と実績のギャップを事前に見える化（先行管理）し、そのギャップを埋める対策を営業が立案、上司がチェック・指導する業績先行管理を丁寧に行うことが重要となる。

②外部視点の導入

創注型営業への変革のためには、マーケティングや販売促進の知見と、それを活かした企画提案力が必要となる。事例企業内にない知見・ノウハウもあり、「他社の企画書から学ぶ」、「社外セミナーに参加する」、「定期的に外部専門家からアドバイスを得る機会を設ける」等、常に学び続ける機会づくりが必要となる。

③定期的なモニタリング

マーケティングや販売促進は日進月歩の変化の激しい分野である。計画も策定時から陳腐化していく側面もある。また、計画に盛り込んだものの、実行しきれないものが出てくる可能性もある。そのため、月1回施策展開表を見直すとともに、年1回金融機関向けにモニタリング会議を開催することとしている。

4. 計画の進捗

新型コロナウィルス感染症の中、売上減少に歯止めはかかっていないが、赤字幅は縮小傾向になってきている。今後の黒字化、正常化に向けて鋭意取り組んでいる状況である。

中小企業診断士　佐々木 千博

5 化学工業

医薬品製造販売業
～事業承継（再生）ファンドの活用に着眼し
抜本的な再生が実現～

1．再生の着眼点

・匿名組合と事業承継（再生）ファンドを活用した再生スキーム

・事業継続に不可欠な製造工場等の所有不動産のリースバック

・第三者機関の利用が困難な場合の特定調停の利用

2．事例企業の概要とフレームワーク

（1）事例企業の概要

　事例企業は医薬品の製造販売の事業を行っており、2020年3月末時点で、従業員約10名、売上は年220百万円前後、金融債務の借入額約480百万円で（金融債権者は保証機関2社を含めて7社）、実態債務超過額は約350百万円であった。株主は、代表者親族で発行済み株式数の9割以上を占めており、一部、取引先等が保有していた。代表者は、2010年に先代の父親から代表取締役を引き継いでいる。

（2）窮境要因

　1989年頃の売上高は約700百万円超であり、商品数も近年の数倍は取り扱っていたが、2003年頃より、卸先である個人薬局の減少により売上高が減少し、医薬品医療機器等法（旧薬事法）についても年々規制強化が行われ、利益の確保が難しい状況となった。

以後、旧薬事法関連の問題が生じたことで、取扱商品数が減少し、売上も悪化したことから、2017年2月より、経営改善計画を立案し自力再生を模索していたものの、法規制強化などの影響による品質管理コストの増加や、仕入原薬の原価の高騰により、利益がほとんど確保できない状況となっていた。

（3）目指す姿

　実態として約350百万円の大幅な債務超過であり、借入金の条件変更を行ってはいるものの利払いも年約13百万円の負担が生じており、債権放棄を伴う抜本的な再生スキームが必要と判断した。事業再生を目指すにあたっては、以下の3点に留意することとした。

① 　実態債務超過の早期解消及び資金繰りの安定化のため、並びに健全な事業運営を確実なものとするため、実態収益力に基づく適正な債務まで金融債務を圧縮する。

② 　主要取引先からの受注に対して、欠品が出ないように製造量を増産できる生産体制を取るとともに、在庫計数管理等を徹底することで、機会損失の発生を防ぎ、売上高の増加を図る。また、従来の製品販売に加えて、受託加工の積極的受注により、売上高の増加を図る。

③ 　設備投資を行うことにより、効率的な生産体制の確保及び受注増への対応を図ることで利益率を向上する。

3．再生計画の策定と提案のポイント

（1）本業支援のポイント

①自主再建

　スポンサー候補者が存在せず、2017年から実施していた自主再建も限界であったことから、事業承継（再生）ファンドを活用し、ファン

ドが経営に一定の関与をするものの、自主再建に近いスキームでの再
生を目指した。

②事業主体の維持

　医薬品製造販売に関しては、厳格な許認可制度となっており、再生
スキームとして事業譲渡や会社分割といった事業主体の変動を伴うよ
うな組織再編は選択として困難（許認可の再取得等の問題）であった
ことから、事業主体の変動を伴わない組織再編スキームを選択した。

③代表者の継続

　金融債権者に対する経営者責任について、現代表者は直接の窮境原
因者ではなく、事業再建のためには不可欠の人材であったことなどか
ら、代表者の継続に理解を求めた。なお、金融債権者に対し、債権放
棄を伴う金融支援を依頼する場合、経営者責任として代表者を交代さ
せることが一般的である（スポンサーの意向を踏まえ、顧問などとして
取締役以外の身分で一定期間会社に留まることは許容され得る）。

④ P/L 向上策

　経営改善の実効性を高めるため、ファンドから経営に一定の関与を
行い、主要取引先に対する売上増強、新規取引先の開拓、生産性向上、
商品の値上げ、返品の削減、人材の育成、会議体の見直しなど、具体
的な施策と数値目標を設定し、対応することとした。

（2）金融支援のポイント

①ファンドへ債権売却

　非保全債権残高約364百万円に対し、非保全配当額65百万円とする
（差額が債権放棄額（金融支援額））。実際には、ファンドが、各金融債
権者からディスカウントして債権を買い取り、最長5年間で債権回収
を図るため、金融債権者は、ファンドが負担すべき回収リスクの一部
を負担することになるが（その分放棄額が増える）、ファンドへ債権を

売却することで、損金確定や回収業務から早期に離脱でき、一方、ファンドは回収リスクを負担するものの配当額と買取額の差額や貸付期間に応じた利息を得ることができる。

②本社工場等はリースバック

本社工場等の所有不動産について、ファンドからの支援額（事業価値に基づく）による制約から、所有を維持したまま再建を図ることが困難であり（事業価値の範囲で担保不動産の保全評価額の弁済原資を確保すると非保全配当額が十分確保できなかった）、所有不動産は別途ファンドが匿名組合出資した合同会社（不動産共同事業法に基づく適格特例投資家限定事業者として登録）に売却し、リースバックすることとした。なお、計画終了時には、当該不動産は事例企業が買戻しを希望すればファンドは応じる意向を示している。

③主要取引先・ファンドによる出資

既存株主が保有している株式については、全部取得条項付株式に転換して、事例企業が無償取得することで、金融債権者に対し株主責任を果たすとともに、その上で、主要取引先1社に対する債務については、DES（現物出資）として、また、ファンドも一定額出資することで、新株主の支援による新体制へ転換を図った。さらにファンドが事例企業の社債を引き受けることで、事例企業の当面の設備投資や運転資金についても確保できるよう配慮した。

なお、本件では、株主の変動はあるものの、法人主体に変動はないので、事例企業の許認可等には影響はない。

④経営者保証ガイドラインの活用

保証人3名について、経営者保証ガイドラインに基づいて、一定の残存資産を確保しつつ、保証解除を依頼した。なお、高齢の物上保証人に配慮し、担保物件となっていた自宅についてもファンドに売却し、リースバックをしている。

（3）計画策定のポイント

　当初は、第三者機関が関与する形での計画策定を進めていたものの、所有不動産をファンドが匿名組合出資した合同会社に売却するスキームについて第三者機関に承認してもらうことができず（上記（2）②記載の理由で本案件成立にはこのスキームを前提とすることが必須であり、第三者機関の提案に従ったスキームが選択できなかった）、第三者機関が関与しない状況で、金融債権者に再生事業計画に対する内諾を得たのち、特定調停（裁判所の債務整理手続）を利用した。なお、特定調停を利用した再生スキームでは、特定調停申立までに当事者間で事業計画（調停条項）に関して内諾を得ておくことが原則として必要となっている。

　具体的な再生計画のスキームは以下のとおりである（図表1参照）。

①　ファンドが合同会社に匿名組合出資し、匿名組合を組成する。

②　事例企業は全部の株式を全部取得条項付株式に転換し、株式を無償で取得する（債務超過のため株価は無価値）。

③　合同会社が事例企業から本社・工場を買取り、代金を支払う。また、保証人らから自宅不動産を買取り、代金を支払う。

④　事例企業及び保証人らは金融債権者（担保権者）に対し売却代金を弁済し、担保解除を受ける。

⑤　合同会社は事例企業及び保証人らと賃貸借契約を締結する。

⑥　事例企業はファンドに対し自己株式を譲渡する（出資）。

⑦　事例企業はファンドに対し社債を発行する（設備投資、運転資金）。

⑧　金融債権者はファンドに対し、債権譲渡する。

⑨　ファンドは事例企業に対し回収予定額を除き債権放棄を行う。また、保証人らに対し、保証債務を解除する。

　上記（1）④記載のP/L向上等に向けた施策を実現可能とするため、具体的な業務改善内容として、以下の取組みを立案した。

■**図表1 本件での再生スキーム図**

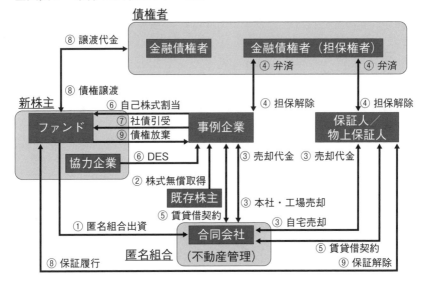

・売上高の維持向上を目的として、主要取引先（売上上位社）に対する売上向上（営業訪問の強化や商品ラインナップの拡充）、欠品が生じないための在庫管理の徹底（機会損失の回避）、増産体制による安定供給の確保など。

・利益確保を目的として、製造方法変更による洗浄工程の時間短縮、利益率確保のための適正価格の設定（値上げ）、販売不振のセールの取りやめ、販売数量の適正管理による返品の削減など。

・人材育成・組織体制の強化を目的として、マネジメントに関わる人材の育成、新人教育の拡充（要求水準までのオペレーション・製造管理能力の獲得）、新規人材の採用など。

・会議体制の見直しとして、再生計画の進捗の管理など経営上の意思決定を行う経営会議、生産・製造工程の適切な管理のための生産管理会議、薬事に関する新規承認・変更申請など薬事関連業務

の準備検討のための薬事関連会議の設置など。

（4）計画実行のポイント

①クロージングに向けた準備

　金融債権者から再生計画に対する内諾を得ることに尽力することは当然として、再生計画に対する内諾後、特定調停の申立てを行い、調停成立（もしくは調停に代わる決定（民事調停法17条））により、金融債権者との権利関係を清算する。並行して、調停成立後の再生計画実行のためクロージング日に向けた周到な準備が必要となる。

　上記（3）に記載した①の詳細は割愛するが、不動産共同事業法に基づく適格特例投資家限定事業者としての登録において、国土交通省との調整事項が煩雑であり、長期（最短でも数カ月）の準備を要することに留意する。同②については、株主総会での特別決議が必要なため（行使できる議決権の過半数を有する株主が出席し、出席した株主の議決権の3分の2以上による多数の賛成が必要）、遅くともクロージング日の1カ月ほど前から株主への招集手続等を開始するが、事前に主な株主に対しては根回しする必要がある（本件では代表者親族等中心に株主は20名以上存在）。なお、本件と異なるスキームで、例えば事業譲渡や会社分割による支援を想定した場合でも同様の対応が必要になる。

　また、本件では、クロージング日に、上記（3）③〜⑨までの決済や手続を同日同じタイミングで行う必要があった。秘密保持契約、債権譲渡契約、譲渡承諾、保証解除合意、社債引受、株式引受、株主間契約、担保解除等、多くの契約締結が必要であり、関係者と事前のすり合わせが不可欠である。万全を期すため、通常、クロージングの1週間程度前に金融債権者との間で書類を事前に確認しあうプレクロージングを行うことが多い。契約文言など、債権者ごとに個別対応が必要となる場合も多く、本件のように債権者数が多い場合には非常に時

（単位：百万円）

	財務指標	4月	5月	6月	7月	8月	9月	10月
計画	売上高	21	21	21	21	21	21	21
	営業利益	1	1	1	1	1	1	1
	経常利益	0	0	0	0	0	0	0
実績	売上高	23	23	22	21	18	20	22
	営業利益	2	2	5	2	1	2	1
	経常利益	1	1	4	2	9	1	1

間を要する作業となる。

②計画実行時のファンド関与

　クロージング後は、実際の再建に向けて、再生計画に従って、事例企業が主体となって業務改善を実施していくことになるが、ファンドは新しい株主として、経営にも関与することになる。具体的には、事例企業における重要な会議体に参加し、再生計画の履行について、実績を確認するとともに、計画と実績に乖離が生じた場合などには、適時適切な指導を行っている。

4．計画の進捗

　事例企業は、2020年12月末に無事クロージングし、以後、再生計画に沿って事業の再建を目指している。ファンドは、月に一度実績報告を受けてモニタリングを実施している。業績は、図表2のとおり堅調に推移している（EXIT は5年後を想定）。

中小企業診断士　岸野　正

6 石油製品製造業

潤滑油製造業

～技術力と販売戦略に着眼し抜本的な再生が実現～

1．再生の着眼点

・需要の変動リスクを回避するため、過度に一定の需要分野に依存するのではなく、多様な分野に取引を分散させることが望ましい（図表1参照）。

・競争が激化する中、価格競争に陥らないために潤滑油の専業メーカーとして技術力などの優位性を発揮することが求められる。

・潤滑油の製造原価は原油価格の変動に影響を受けるため、原価アップ分を販売価格に転嫁するための交渉力を身につけることが必要である。

2．事例企業の概要とフレームワーク

（1）事例企業の概要

　事例企業は金属加工油を中心に各種潤滑油や床面洗浄剤などの化成品の製造販売を行っている。

　当社の主な販路は、①エンドユーザー（直販）、②商社（ルート販売）、③同業者（仲間取引）に大別することができ、その中でもエンドユーザーへの直販の販路を中心に販売している。

　企業概要は以下のとおりである。

　企業名：エース潤滑油工業株式会社

■図表1　我が国の潤滑油統計における油種分類

油種区分	定義	対象油種（例）	
ガソリンエンジン用潤滑油	ガソリン（含LPG、その他ガス）を燃料とする乗用車系内燃機関用エンジン油	自動車用ガソリンエンジン油 2サイクルエンジン油 航空ピストンエンジン油 LPGエンジン油 ガソリン・ディーゼル兼用油	
ディーゼルエンジン用潤滑油	主に軽油、灯油を燃料とする車両用及び産業用ディーゼル機関用エンジン油（含コージェネ用ガスエンジン専用油）	自動車用ディーゼルエンジン油 農業用エンジン油 建設機械用エンジン油 ディーゼル（主）・ガソリン兼用油 コージェネ用エンジン油	
その他車両用潤滑油	エンジン油を除く車両用潤滑油	自動車用ギヤ油 トランスミッション油 トルクコンバート油 ショックアブソーバー油 ATF ディファレンシャル油 その他の自動車油	
船舶用エンジン用潤滑油	主に重油を燃料とする船舶用及びコージェネ等産業用ディーゼル機関用エンジン油（含船外機専用油）	舶用ディーゼルエンジン油 船外機専用油 舶用シリンダー油 舶用システム油 コージェネ用エンジン油	
機械油	主に産業機械に用いられる潤滑油	冷凍機油 タービン油 ガスタービン油 （含航空機用） ギヤ油（除自動車用） 油圧油 コンプレッサー油	トラクション油 ベアリング油 真空ポンプ油 摺動面油 さく岩機油 汎用工作機械油
金属加工油	金属加工に用いられる潤滑油	切削油 焼入油 焼戻し油 焼きなまし油 研削油 鍛造油	プレス油 圧延油 絞り加工油 引抜き油 放電加工油 防錆油
電気絶縁油	電気絶縁に用いられる潤滑油	コンデンサ油 変圧器油 OFケーブル油 遮断機油	
その他の特定用途向潤滑油	上記用途区分に属さず、用途が特定できる潤滑油	流動パラフィン ゴム配合油 プロセス油 チェンソー油 熱媒体油 離型油 フラッシング油 繊維油剤 エアフィルター油	ダイナモ油 シリンダー油 車軸油 ロープ油 リノリューム油 印刷インキ油 ガスホルダー油 特殊用途潤滑油
その他の潤滑油	無添加基油であって、他のいずれの油種区分にも属さず、用途が特定できない潤滑油	並モーター油 マシン油 スピンドル油を含む	

出所：一般社団法人潤滑油協会「潤滑油受給統計」

設立：1990年4月

資本金：16百万円

従業員数：7名

年商：393百万円

中小企業主体で構成される潤滑油製造業の中で、比較的事業規模が小さい会社である。

リーマンショックに端を発した経済の低迷により、当社製品のエンドユーザーである国内の自動車関連下請工場をはじめ、各業界の製造業の業績が低迷したため、当社も売上減少を余儀なくされた。

また、2011年3月11日に発生した東日本大震災の影響により、国内の原材料（特殊な添加剤）の入手が困難となり、高価な海外代替品を調達せざるを得ない状態となった。このため、当社は大幅な赤字に転落し、資金繰りに支障を来すなど窮境状況に直面することになった。

その後、経常黒字を確保する事業年度があったものの、収益は安定せず、債務超過に陥っているなど、窮境状況にあることから経営改善計画を策定し、経営改善に取り組むことになった。

（2）窮境要因

窮境状況に陥った具体的な要因は次のとおりである。

・景気低迷の影響でエンドユーザーである製造業の操業度が低下し、潤滑油の需要が低迷したことに伴い当社の受注が大幅に減少した。

・原油価格の高騰に伴い製造コストが上昇し、当社の利益率が悪化した。

・同業他社との競争の激化に伴い潤滑油の販売単価が下落し、当社の収益を圧迫した。

・東日本大震災の影響により特殊な添加剤の国内調達ができなくなり、海外品の調達に切り替えたことに伴い仕入価格が高騰した。

（3）目指す姿

　上記の窮境状況から脱するために打ち出した施策は次のとおりである。

・取引先の多くを占める規模の小さい自動車関連下請工場への依存から脱却し、1次下請等新規の取引先を開拓することにより売上高の向上を図る。

・既に定評がある当社の技術力（潤滑油に求められる機能に応じた配合技術等）を背景に、ターゲットを定め、提案活動を行うことにより、取引社数を増やす。

・既存取引先に対しては、原料コストの上昇分を販売価格に転嫁する。このため、価格改定に向けた交渉を計画的に行うことにより、当社の収益性を改善する。

3. 再生計画の策定と提案のポイント

（1）本業支援のポイント

　再生計画の策定にあたり以下の方針を掲げ、それを経営改善施策（アクションプラン）に織り込むとともに、数値計画にも反映させることにした。

① 潤滑油の販売は、潤滑油製造業者がエンドユーザーに直接販売する「直売」と、商社や特約店、販売店などを経由する「ルート販売」に分けることができる。当社は「直販」が中心であったが、メーカーの1次下請企業など既存取引先よりも相対的に規模が大きい取引先を開拓していくためには「ルート販売」のほうが適切であると判断した。当社は関西地域の企業であるが、他の地域に営業基盤を持つ商社と連携することにより、販路構造の改善と販売エリア拡大を実現する試みである。

② 潤滑油のユーザーである製造工場などは、潤滑油の品質や性能に

関して課題を抱えているケースが多く、当社の配合技術が活かせる絶好の機会である。もともと、ユーザーによる製品テストでは競合他社の製品よりも高い評価を受けることが多く、当社の技術力の高さを裏づけている。このため、エンドユーザーとのパイプを持つ商社との連携を強化し、商社経由でこれらの課題やニーズを集め、提案（比較テスト、コスト比較等）を行うことを重点施策として取り組むことにした。

③　商品情報や問題解決事例などをホームページに掲載するなど、積極的に技術PRを行うことにより、当社の技術力の高さを情報発信することにした。この取組みにより、潤滑油に関して課題を抱えているユーザーからの問い合わせ件数が増えることが期待できる。

④　新規案件については、原料の価格動向に留意しながら、見積時に適正利益が確保できる価格設定を行った上で提示することにした。技術力の高さを背景とした価格交渉により収益の改善を図る取組みである。

⑤　月次で取引先ごとに販売目標を設定し、予実管理を行うことにした。潤滑油は受注生産型の製品であり、受動的な営業活動となるため目標意識が低くなりがちである。そこで、月次で取引先ごとの予実管理を実施することにより、目標意識を高めるとともに、全社で目標売上高の達成に向けた対策を講じることができる体制を作っていく。

⑥　経営陣と外部専門家による経営会議を設置し、経営改善計画の進捗状況の確認や経営課題解決に向けた対策立案、経営上の意思決定の迅速化を図ることにした。また、経営会議の設置に合わせ、通常は2カ月を要していた月次試算表の作成期間を短縮し、月次決算の迅速化を図った。タイムリーに業績の把握を行うことが狙いである。

（2）金融支援のポイント

計画期間を０年目から３年目までの実質３カ年計画とし、取引金融機関４行に対し以下の金融支援を要請した。

- ・借入金返済のリスケジュール（各年度の返済額はフリーキャッシュフローの８割相当額）
- ・返済方法は残高プロラタ方式
- ・支払金利水準については現状を維持

（3）計画策定のポイント

計画策定にあたっては、経営改善計画策定支援事業（通称405事業）を利用し、メインバンクの協力の下、計画策定にあたった。

計画策定時点での経営環境は必ずしも良いとはいえず、先行き不透明感が否めない状況であった。このため、収益の安定化までには一定

■図表２　数値計画の概要

（単位：百万円）

	直近期	計画			
		０年目	１年目	２年目	３年目
売上高	393	328	347	356	384
営業利益	18	1	5	5	4
経常利益	15	▲1	4	3	2
当期利益	15	▲1	3	3	2
法人税等	0	0	0	0	0
簡易CF（経常利益＋減価償却費－法人税等）	18	1	5	5	3
現預金残高	31	31	35	36	35
金融機関債務残高	92	91	87	83	80
運転資金相当額	32	27	29	29	32
差引要償還債務残高	29	33	23	18	14
CF倍率	1.6	28.3	4.3	3.9	4.1
純資産額（帳簿）	▲19	▲20	▲17	▲14	▲12
実質債務超過金額	▲45	▲45	▲42	▲39	▲37
中小企業特性考慮後実質債務超過金額	▲13	▲14	▲11	▲8	▲6

の期間を要することが予想されたため、堅めの計画を策定することにした。

　数値計画の概要は図表2のとおりである。

・計画期間：0年目から3年目までの実質3カ年計画
・経常黒字化：計画1年目
・債務超過解消：計画期間内は解消せず
・債務償還年数：4.1年（計画3年目）

（4）計画実行のポイント

　着実に経営改善計画を実行するため、経営会議（3（1）⑥参照）において計画の進捗状況を月次で振り返り、対策を立案していくこととした。また、経営改善計画策定支援事業では、3年間のモニタリング期間が設けられている。このため、半期ごとに計画の進捗状況につき、外部向けモニタリング報告資料を作成した。

　当社の計画は前掲のとおり、①「ルート販売」による販売エリア拡大と新規取引先開拓、②課題などの情報収集と提案の実施、③ホームページなどを通じた問い合わせ件数の増加、④見積時における適正利益が確保できる価格設定、⑤取引先ごとの月次管理の実施、が重要施策である。

　このため、業績の進捗だけではなく、施策の進捗状況について確認することに重点を置いた。

　特に、②の提案の実施状況については、全ての新規引合い案件を一覧にし、その進捗状況を詳細に記した管理表により確認を行った。新規案件は、引合いから受注まで1年以上の期間を要する案件もあり、この進捗管理が重要なポイントである。引合いから受注に至るまでの主な流れは以下のとおりである。

(i)引合い（商社からの紹介やホームページからの問い合わせ等）

(ii)打合せ（使用する機械、ワーク材質・形状、加工速度、工場の環境、現状のコストなど、エンドユーザーの加工条件や課題に関する打合せ）

(iii)製品テスト時期の決定

(iv)サンプル出荷（過去の実績や技術データを基に検討したサンプルを出荷）

(v)エンドユーザーによる製品テストと評価

(vi)受注（仕様の決定）

　(i)〜(vi)の一連の流れをみれば分かるように、潤滑油が採用されるまでにはエンドユーザーの厳しいテスト・評価を受けることになり、それに対応する技術力が伴わなければ採用に漕ぎつけることはないといえる。これまでは、相対的に規模が小さい自動車関連下請工場が中心の取引先であったため、当社の技術力が十分に発揮できていなかったといえる。しかし、新規取引先のターゲットを1次下請企業としたことにより、当社の強みである技術力が活かされることになった。また、いったん採用されれば、取引単価が大きく、継続的な取引が期待できる。また、内部的には新規取引先の開拓までの経緯を形式知として社内に蓄積していく狙いもある。

　なお、数値の進捗状況に関しては、損益計画を月次計画に分解した「月次管理表」を作成し、予実管理を行った。

　以下がモニタリングの際、取引金融機関に提出した資料類である。

・月次管理表

・経営改善施策の進捗（アクションプランの振り返り）

・資金繰り表（実績と6カ月程度先までの予想）

・新規引合い案件管理表

・その他（経営改善計画策定支援事業における所定様式等）

4．計画の進捗

　厳しい経営環境下で計画がスタートしたものの、計画前と比べて販売戦略を大幅に見直したことが功を奏し、3期連続で収益ともに計画を超過達成することができた。

　3年の間で実質債務超過の解消には至らなかったものの、①収益が安定していること、②債務超過解消の目途が立ったことを受け、メインバンクから借入金の借換え正常化の提案を受けるまでになった。

　現在は借換えが実行されたことにより金融機関との正常取引が実現しており、再生完了となった。

　正常化を果たした当社の今後の課題としては、後継者問題と人材育成問題である。当社の成功要因は販売戦略を見直し、強みである技術力を発揮できる販路にシフトしたことに他ならない。同業他社には真似ができない潤滑油の配合技術こそが、当社の競争力の源泉である。

　しかし、この技術は当社社長の経験に裏打ちされた属人的な知識・ノウハウであり、これをマニュアル化して伝承することは極めて困難である。このため、OJTやOff-JTによる技術人材の育成を計画的に進めているが、人材が育つまでに時間を要しているのが現状である。

中小企業診断士　細谷 弘樹

工業用プラスチック製品加工業

～原価の「見える化」に着眼し抜本的な再生が実現～

1．再生の着眼点

・「忙しくても儲からない」状態から脱却するため、売上高重視の経営から収益性重視の経営に転換する。その手段として受注品ごとの採算性を「見える化」する。

・「原価の見える化（原価管理）」を徹底することにより、生産性の改善に結びつける。

・債務超過で収益性も低くメガバンクから借入金返済をリスケしており、新たな設備投資もできない状態から、地元の信用金庫と連携して早期に正常化して成長軌道に戻す。

・長期的視点として事業承継に向け経営目標を設定し、財務的な健全性を高める。

2．事例企業の概要とフレームワーク

（1）事例企業の概要

　事例企業A社は大阪府守口市に本社を置く、資本金1,000万円、従業員7名のプラスチック加工業者である。プラスチックのボードあるいはブロックから切削加工機を用いて少量多品種の部品加工を行っている。工場の建屋・土地を2カ所賃借しており、生産設備はマシニングセンターと呼ばれる自動切削機械を中心に、材料切断機、ボール盤

（穴あけ機）などを保有している。社長は、半日は現場作業をしており、切削加工を行う作業者は社長以外に3名、検査・組立はパート従業員1名が行っている。また、事務・営業は3名が担当している。

　A社の支援を開始した時点では、財務的には債務超過であり、直近の当期純損失は1百万円であった。メガバンク2行からの借入金残高が63百万円で、リスケを行っている状態であった。現在は後継者候補である社長の次男がソフトウェア販売会社から当社に転職して、営業担当をしながら後継者教育を受けている。

（2）窮境要因

　当社が債務超過・リスケ申出に至った要因は次のとおりである。
① 　リーマンショック後、売上高が徐々に低下する中、採算性を考慮せず無理な受注を増やした結果、当期純利益が赤字に転落した。
② 　中長期の経営目標が策定できておらず、毎年の税金対策を重視した結果、財務体質を悪化させた。
③ 　設備投資した大型の切削機械の稼働率が上がらず、低収益の状態が慢性化する中、借入金を増やした結果、返済にあてるキャッシュフローが不足しリスケするに至った。
④ 　顧客からの引合いに対する見積は社長の経験による価格提示であり、詳細な原価計算に基づく内容でなく、受注後に赤字になっていることが多かった。

（3）目指す姿

　上記の窮境状況から脱するために打ち出した施策は次のとおりである。
① 　売上高重視から利益重視に転換して、営業利益率5％以上を確実に確保する。
② 　債務超過の解消と有利子負債対キャッシュフロー倍率を10倍以下

にして正常化するとともに、必要な設備には積極的に投資する。

③　社長は63歳であるが、円滑な事業承継を行うために、将来のビジョンを明確にして、事業承継計画を策定する。

3．再生計画の策定と提案のポイント

（1）本業支援のポイント

　不採算加工品については、顧客と値上げ交渉を粘り強く行う。採算の改善しない加工品については辞退も厭わない姿勢を持つ。新規受注品については、売上高の無理な拡大を目指すのではなく、収益を重視した受注に転換する。

　こうした収益重視に転換するあたり、加工原価の管理を徹底して受注品目ごとの採算性を「見える化」する。

　一方で、採算性の悪い外注品及び原材料の値下げ交渉を行う。しかし、値下げの難しい外注品については新規設備（小型の切削加工機）を導入し社内生産に取り込む。設備を追加しても、従来の人員で対応できる（増員しない）工夫を行い生産性の改善を図る。

　さらに、既存顧客への営業を強化して引合いを増やすだけでなく、新規顧客の開拓を行う。

（2）金融支援のポイント

　地元の信用金庫と連携して経営改善計画を策定した。信用保証協会の「経営力強化保証制度」を利用して、日本政策金融公庫の協力も得ながら借換えにより約定返済できるようする。

　収益性を高めるため、経営改善計画には稼動率の高い小型の切削加工機を新規に導入する投資計画を織り込んだ。

　赤字体質から脱却するため、役員報酬を40％削減して経営改善に取

り組む意思を示す。その他経費は予算を決め削減に取り組むことにより金融機関等、関係者の理解を得た。

（3）計画策定のポイント

　売上高は無理な目標を設定せず、安定した黒字化を目指して5年の計画を策定した。既存顧客は年率1％程度の売上高の向上、新規顧客獲得による売上高は年2百万円程度を目標とした。

　売上高総利益率は、当初の45％から10ポイント以上の向上を目指した。なお、A社は製造原価報告書が作成されていないため、売上原価は材料費、外注費のみの計上となっており、一般的な製造業より高い売上高総利益となる。外部支払いを削減するため、原材料の値下げ交渉を行うとともに、採算性の悪い外注加工品を社内生産に切り替えることを計画した。

　借入金の借換えを行うとともに収益性を高め、有利子負債対キャッシュフロー倍率を当初の264倍から10倍以下まで低減する目標とした。

　新規顧客開拓の手段として、地域公的機関の商談会や展示会の活用、自社の強みや直近の取組みを紹介できるホームページのリファインなどを計画に織り込んだ。

（4）計画実行のポイント

　一般的には経営改善計画を策定後、年1〜2回のモニタリングを行うが、A社については伴走支援として毎月訪問し、アクションプランの実行支援を行った。

　製造業の基本として、工場内の清掃を徹底した。毎朝の清掃時間の設定、通路に物を置かない躾などを行った。工場内環境の整備として、検査場の照明の改善、トイレを改装し清潔に保つことも行った。

　受注品の採算性を正しく把握するための原価管理を行った。決算書

の明細書や稼動状況から、当社の時間当たりの加工単価（チャージ）を算出した。続いて受注品の加工時間を調査するための、受注単位で作業工数（時間）を記録する帳票（日報）を作成して作業者に展開した。日報は作業指示書を兼ねる図面とセットにして作業者に渡し、作業が終了次第回収していった。当社は月間の受注品が300アイテム以上とかなり多いため、原価を集計する廉価なシステムを導入した。前述のデータとともに材料費、外注費を入力して顧客ごとの収益を明確にした。

製品別の採算、顧客別の採算を毎月、経営者と確認した。毎月の推移グラフや前年度との比較などを行いながら、安値受注を防ぎ、収益性の向上を図っていった。

採算性の悪い外注品を社内生産するための、新たな切削加工機を導入したが、従業員は増やさず1人で従来機と新設機械の2台を扱えるような機械配置に変更した。この改善により、1人あたりの出来高（生産数量）が従来の約1.5倍まで向上した。

納期遅れの防止、作業の平準化を目指して工場内に「進捗管理ボード」を設置した。各受注品の納期が明確になり作業者も常にボードを見ながら作業するようになり、納期遅れを防ぐための残業時間も低減した。

販売促進策の一環として、大阪府が認定する「ものづくり優良企業賞」を大阪府ものづくり支援課と連携して取得した。認定にあたり自社の強みを徹底的に洗い出したが、社長も気づかなった強みの発見につながった。この賞の受賞により、従業員のモチベーションも向上し自分の作業に自信を持つことができた。

作業者の多能工化をさらに進め、事務員でも簡単な加工作業ができるように教育した。事務と現場作業のバランスを取ることにより、小規模企業ならではの全社的な効率化を図ることができた。

5年の経営計画からさらに先を見据えた10年計画の「事業承継計

画」を策定し、将来目標とマイルストーンを設定した。具体的には自社工場の建設、IT・デジタル化を10年以内に実現する目標である。事業承継に向け、財務的な目標も設定した。事業承継時期や株式の贈与などの検討を行い、「事業承継税制」の特例措置の申請を行った。

4．計画の進捗

　事業計画の1年目に黒字転嫁し、2期目には当初計画より早く債務超過から脱することができた。

　直近ではコロナ禍の影響を受けながらも、収益重視の受注に心がけ、赤字を避けることができた。有利子負債対キャッシュフロー倍率も10倍以下のレベルにまで改善した。財務的には当初計画を達成した。

　今回の取組みを通じて、事業計画作成の重要性の理解が深まった。目先の節税対策を優先するのではなく、企業としての安定性や収益性、成長性を高める考えに切り替えることができた。

　計画4期目に後継者候補が入社して営業を担当している。コロナ禍で新規開拓活動が制限される中、既存顧客との関係を強化して売上高の確保を果たした。しかし、コロナ禍の長期化による売上高低下のリスクがあるため、経費の抑制をしながらアフターコロナに向け準備を進めることが求められる。

　新規顧客の開拓についてはコロナ禍の影響で商談会が中止になったことにより計画に対して遅れている。ホームページの改訂も遅れているため、アフターコロナを見据えた活動が必要である。

中小企業診断士　岡本　隆

金属線製品製造業

～蓄積された技術力に着眼し抜本的な再生が実現～

1. 再生の着眼点

・技術力を生かした事業展開
・管理体制の構築

2. 事例企業の概要とフレームワーク

(1) 事例企業の概要

　A製作所株式会社は、創業40年、資本金2,000万円の金属製品製造業である。製品の用途としては、建築分野、漁業分野、アクセサリー分野、医療分野など多岐にわたる。

　当社の主な強み及び弱みは図表のとおりである。

　競合他社では中間製品を仕入れて最終製品にしているところが多いが、当社では品質を保つために、これまで全て自社で行う一貫生産体

■図表　A社の強みと弱み

強み	弱み
・製品の高い品質 ・世界最小の製品を製造できる技術力 ・顧客の要求に対応できる製品開発力	・厳しい資金繰り ・設備投資による大きな固定費 ・脆弱な管理体制

制とし、品質と技術力を維持してきた。製品開発にも積極的で、世界最小の製品の開発に成功している。ただし、その製造を維持するための設備投資及び維持管理が負担となっていた。

（2）窮境要因
①原価等の不十分な管理
　当社は高い製品品質を保っていたが、品質重視で原価や在庫の管理が不十分となっていた。そのため、改善に向けた対策も講じられていなかった。結果として、一貫生産体制構築のための設備投資により高い技術力があったものの、その投資を回収できるだけの収益を確保できていなかった。
②積極的な設備投資
　経営を革新するため、新たな分野への参入として医療機器の最終製品を自社で開発、製造する方向性を打ち出した。その研究開発のために積極的に設備投資を行った。しかし、医療機器への参入障壁は高く、また多大な投資の負担が重く継続できなかった。
③外部環境への対応不足
　過去の主要な売上は複写機向けの部品であったが、IT化による業務用複写機の需要減少に伴い売上高が減少した。しかし、他分野でその売上を補うことができていなかった。

（3）目指す姿
①高い技術力を生かして利益を生み出す
　目指す姿は、高い開発能力と製造技術を生かして利益を確保するビジネスモデルの構築である。
　高品質で細小な製品を製造できる強みを生かし、医療分野向けの部品製造に注力することとした。医療機器の開発においては窮境要因の

１つとなったことから、自社の持つ経営資源を考慮して、最終製品ではなく部品製造という戦略を選択した。

②事業をマネジメントする

　製品の品質やそれを生み出す技術力の維持・向上には徹底的に取り組んでいたが、それを適切に収益に結び付けることが、これまでできていなかった。そこで特に、原価管理及び営業戦略の立案・実施などについて、細かく管理する体制を目指すこととした。

３．再生計画の策定と提案のポイント

（１）本業支援のポイント

①原価管理体制

　受注案件ごとに細かく利益の管理ができる体制を構築することが必要と考えられた。そのためには、まずは原価の把握が必要であったため、別途コンサルタントが入り勉強会を行い、製品ごとの製造原価表の作成を行うこととした。さらには原料使用量の確認や原材料の廃棄率など、原価に関わる事項も管理していくこととした。

②営業管理体制

　医療分野に注力する戦略ではあるが、医療分野の売上が確保できるまでには時間がかかることや、既存の販売先の売上高が大部分を占めることなどから、従来の販売先で利益を出せる体制づくりも必要である。

　そこで営業面では市場動向を踏まえた重点分野を設定し、それに対する具体的な販売先の抽出及び具体的な営業活動の計画策定を提案した。計画を作成することで、原価管理と同様に営業活動においても管理できる体制づくりを目指した。

③数値計画

　医療分野での引合いから売上拡大の手応えを感じており、経営者としては売上増大の計画としたい意向があった。しかし、新規分野参入は不確実性が高いことから、設備投資や借入金の返済が可能で確実に達成できると思われる数値をまずは作成し、その数値を着実に達成していくこととした。

（2）金融支援のポイント

　前述したように、この事業では設備投資が必要である。また、医療分野では利益は見込めるが、顧客の製品に合わせた開発が必須であり、顧客側での医療機器認定を受けるまでの期間も必要で、引合いが来てから量産化できるまでに時間がかかる。そのため運転資金が必要となる。

　そこで設備投資と運転資金の確保のため、メインバンクからは現在の借入金について長期約定弁済への変更、新規融資の支援を受けることとなった。その他の金融機関からも、新規融資に加え、劣後ローンの継続、現在の借入金の償還期間の変更といった支援を受けることとなった。

（3）計画策定のポイント

　計画の方向性は大きく分けて、新製品の開発、管理体制の構築、営業力の強化の3点である。

①強みの発揮

　医療分野では製品の高い品質と信頼性が求められ、また顧客ごとの開発が必要となるが、これまで培った品質、技術力、開発力で対応可能であった。付加価値の高い製品となることから利益が確保できる分野でもある。また、当社の製品が使われる医療機器は市場が拡大傾向

にあった。

　強みと事業機会をうまく組み合わせた計画とした点がポイントである。

②実態に合わせた細やかな管理

　窮境の要因の1つである原価管理を強化することで、品質偏重となっていた組織の体質改善を図る計画とした。

　材料やサイズなど様々な仕様の製品があるが、きめ細やかな原価管理を行うために、製品ごとの詳細な製造原価表を作成することとした。これに基づいて製品群ごとの原材料等の目標使用量を設定し、これと関連して工程ごとの不良品の低減も計画に入れている。

　製品群や工程によって指標が異なることから、より実態に合わせた細かい設定として実効性を高める計画とした。

③戦略的な営業

　営業活動についても、より細かい管理を行うこととした。同じ製品でも用途によって価格が異なっていた。そこで、より利益率が高くなる分野や需要が見込まれる分野を抽出し、重点営業分野を設定した。重点分野の個々の顧客を抽出し、具体的な営業活動を計画し進捗管理を行うことで、売上高と利益の確保を図ることとした。

④適切な設備投資

　上記の計画を支えるためには製造設備が整っている必要がある。製造機械は高額なものもあり、窮境の要因の1つが設備投資の負担であったことから、計画に考えられる設備投資を盛りこんで、資金繰り計画を立てやすくした。

（4）計画実行のポイント

　原価管理においては、外部のコンサルタントを入れることで、自社だけでは不足している専門知識を得ることと、定期的に勉強会を開催することで、着実に実行する環境を作った。

　また、営業活動の進捗確認を行い、営業計画の実施に向けて、毎月の営業会議で確認を行うことを計画に盛り込んだ。会議では、担当者別及び顧客別の受注予定時期や金額、開発中のものについてはその進捗が一目で分かる資料を作成し、実行状況が目に見える形とすることとした。

4．計画の進捗

　計画策定時の医療分野の売上は９％程度であったが、２年後には約20％に拡大している。海外の医療機器メーカーからの引合いが多くなっており、その顧客の要望に試作を繰り返すなどの対応ができていることで受注に繋げている。

　原価管理については、製品ごとの原価表を作成し把握するともに、原材料のロス率を毎月計算するなどして管理を行っている。社内では原価管理の意識が醸成されつつあり、成果として原材料費率は計画から２期連続で低減できている。

　まだ計画の途中ではあるが、医療分野においては開発中の案件が多く、今後量産化につながる製品が増えることで、売上高と利益の増加が見込まれる。

中小企業診断士　岡崎　永実子

熱処理加工業
～営業方針の明確化及び諸条件の交渉による
　　生産性向上に着眼し、段階的な再生を実現～

1．再生の着眼点

・営業方針の明確化と値上げ交渉

・採算改善、諸条件の見直しによる生産性の向上

・原価管理体制の導入

2．事例企業の概要とフレームワーク

（1）事例企業の概要

　兵庫県に本社を構えるP社は金属製品の熱処理加工業を営んでいる。創業社長が20代で設立し、50年程度が経っている。当社の主要取引先は自動車メーカーから金属加工依頼を受けている地場中堅メーカーであり、年間で100社程度と取引を行っている。過去から継続的な取引を行っている一方で近年ではロット数が減少している。

　熱処理加工業者は各種メーカーが加工した金属製品を無償支給され、加熱・冷却などの熱処理を賃加工として行う取引が多い。当社も典型的な賃加工業者である。

　当社の従業員は25名であり、営業部5名、製造部16名、生産管理部2名、経理部2名となっている。

　当社はISO取得など品質面への取組みにより自動車メーカーの熱処理認定工場になっている。また、小ロット対応、デリバリー対応な

■図表　数値計画予実対比

（単位：百万円）

項目	n-1期	n 期		n+1期	
	実績	計画1期	実績	計画2期	実績
売上高	165	232	248	285	311
営業利益	▲30	▲12	1	6	20
当期利益	▲59	▲15	▲3	4	17
金融機関債務残高	489	487	487	487	487
差引要償還債務残高	438	434	431	421	417
キャッシュフロー倍率	—	52.8	20.5	16.0	10.4
純資産額（帳簿）	▲57	▲72	▲60	▲69	▲43
純資産額（実態：中小企業特性考慮後）	▲97	▲112	▲100	▲109	▲83
実態債務超過解消年数	—	—	—	29.8	4.9

ども行っており、取引先からの信用は厚い。

　現在は2代目社長に事業を承継しており、会社全体の若返りを図っている。さらに、創業社長の代では行っていなかった熱処理の新工法確立にも積極的に取り組んでいた。

　一方で、熟練工の退職や新工法確立に係る新規設備投資や営業コストの先行した発生によって、当社の業績は悪化していった（図表参照）。

（2）窮境要因

　窮境の状況は業績悪化、それに伴う資金繰りの悪化、実態債務超過や過剰債務などであった。事業調査を行う中で、このような窮境の状況を引き起こした窮境要因を以下のように特定した。

①受注量の伸び悩み

　新工法導入時には順調に受注が拡大していたが、経済環境の悪化により新規受注が停滞した。さらに、既存製品の生産量も減少するなど全体の売上高が20%程度減少した。賃加工業であるため、売上高の減

少は利益額の減少に直結した。

②過大投資

　新工法導入に伴う設備投資が企業体力に比して過大であった。また、財務を管轄する責任者が社内におらず、設備投資に対する冷静な経営判断が遅れた。

③低価格受注、短納期対応による採算の悪化

　急激な設備投資に対応した受注確保を急ぐあまり、原価計算を行っていなかった。さらに、新規取引先や新規受注品に対する値決めが杜撰であり、役員独断による低価格受注・赤字受注が常態化していた。また、取引先の要望に応じた短納期対応を行うことによって、1回当たりの生産ロット数が減少し、生産効率の悪化を招いていた。

（3）目指す姿

　社長は窮境要因を省みて、以下の方針を打ち出した。

①　既存取引先に対して取引深耕を図ると同時に新規開拓も継続し、一層の受注量の確保を行う。

②　それと同時に、受け身だった諸条件（価格面、納期面、配送面）について社内ルールを設け、取引先と交渉する。

3．再生計画の策定と提案のポイント

（1）本業支援のポイント

　本業支援のポイントは以下①〜③の3点である。

①営業方針の明確化と値上げ交渉

　既存取引先を先方の企業規模及びP社への発注シェアに応じて、A〜Cの3つにランク分けを行い、営業方針を明確にした。

　既存取引先の中で重要度の高いAランクに対してはさらなる受注の

増加を図るべく、他社に発注している熱処理品を当社に転注してもらえるように交渉した。これにより、当社に対する発注シェアを拡大していった。当社への発注量が減少しており、将来的な受注量の伸びしろが少ないCランクに対しては、赤字取引が多いため、20%程度の値上交渉を行った。Bランクについては価格面以外の取引条件の見直しについて交渉した。

　当社の生産能力に余力があるため、新規取引先に対しては役員・営業部全員で計画的な新規営業活動を行い、新規受注を獲得していった。特に熱処理認定工場に指定されている強みを活かし、自動車メーカーからの顧客紹介による営業活動が功を奏した。

②採算改善、諸条件の見直しによる生産性の向上

　採算を改善する方法として、配送方法と納期の変更を行った。

　Bランクに対しては、当社からの配送の引取り頻度を削減する交渉を行った。Cランクに対しては、先方負担による配送を依頼した。これらにより、配送人員や車両台数及び燃料費の削減を行うなど、配送コストの引下げに成功した。

　さらに、配送方法の変更は納期面の改善にも繋がった。すなわち、配送の引取り頻度を削減させることで、引取りから生産、納品までのリードタイムが伸びた。これにより、設備が高稼働で維持できる効率的な生産計画を立てることができ、1回当たりの生産ロット数が増え、生産性が向上した。

　さらに、生産効率化を図るために、人員体制の見直しも行った。パート人員・派遣社員・嘱託などの採用により正社員比率を低下させ、売上高対人件費率を改善させた。また、過大となっている営業部など間接部門の人員の見直しも行った。

③原価管理体制の導入

　新工法に対しては原価管理体制（原価把握、採算管理、原価計算）を

整備した。

　原価把握としては、社内の主要原価（人件費、水道光熱費、減価償却費など）を機械別に把握した。人件費は管理表を作成し、減価償却費は直接紐付け、水道光熱費は稼働時間による按分配賦を行った。

　採算管理としては、売上高情報を取引先別、製品別、機械別、生産数量、販売単価、生産重量など詳細に記録していった。従来は把握していなかった生産重量を知ることで、取引先や製品間の比較が容易になった。原価把握と紐付けることで、取引先別、製品別、機械別の大まかな採算が把握できた。

　採算管理を行うことで、原価計算情報を整理し、新規受注品については合理的な値決め交渉に活用していった。また、既存取引先の値上げ交渉にも活用できた。

（2）金融支援のポイント

　当社は赤字取引の削減を行い、収益改善を行う必要期間を３年間と定め、その間の金融支援として取引金融機関に対して約定返済の停止を依頼した。

　理由としては、Ｐ社は当時、社会保険料、電気代、ガス代など多額の支払遅延を起こしていた。そのため、３年間をかけて遅延債務の解消を見込んでいたためである。今後事業を継続するためにも、必要な対処であり、取引金融機関の支援を得ることは重要であった。

　さらに、メインバンクであるＢ銀行には受取手形の割引枠の増額を依頼した。これにより当面の資金繰りの安定化を図った。

（3）計画策定のポイント

　以下のポイントを押さえながら、蓋然性・納得感の高い計画を策定した。売上高計画については、取引先別で受注数量、受注単価を基に

策定した。Ａ〜Ｃランク別の営業方針に基づき、転注品などの受注数量の増加、値上げによる受注単価の向上なども織り込んだ。

　既存取引先のみに依存した売上高計画ではなく、新規取引先の開拓目標なども織り込み、受注構造を意識的に変えていくような計画にした。

　熱処理加工業において金属製品は無償支給であるため、主要な原価は人件費、水道光熱費、荷造運賃、外注工賃、修繕費、減価償却費などである。変動費である水道光熱費や荷造運賃、外注工賃は、配送方法と納期の変更による生産性の向上目標を織り込み、変動費率を算定した。

　また、人員（人件費）計画については１人ひとりの積み上げで作成し、今後のベースアップや賞与支給などを織り込んだ。若い従業員が多く、賃金上昇は必須だと考えたためである。一方で、受注増加に対応する人員はパートや派遣社員、嘱託を採用するなどにより人件費率の改善を織り込んだ。

　修繕費は設備ごとに修繕費予算を設定した。減価償却費のうち、既存設備については将来の減価償却シミュレーションを行い、後述する設備投資計画に基づく減価償却費を加算して算出した。

　最後に、役員報酬水準や不透明であった冗費（無駄な出費）の見直しも行い、余計な社外流出を防止した。

　キャッシュフロー計画においては、営業キャッシュフローの算定と投資キャッシュフローの精査が求められる。本業で得られるキャッシュフローに加え、支払遅延債務の解消も計画に織り込み営業キャッシュフローを算定した。

　さらに、熱処理加工業は装置産業であるため、一定程度の設備投資は避けられない。今後発生する投資は、費用対効果が高くかつ避けられない設備導入費用や治具の改良費などに限定し、設備投資計画を策定した。また、既存設備についてもリース取引や割賦取引が多いため

投資キャッシュフローの精査を行った。営業キャッシュフローはプラスであるにも拘わらず、投資キャッシュフローが大幅なマイナスであるため資金に困窮するケースが多く、留意が必要である。

　貸借対照表計画については、増加運転資金の算出と先述の新規設備投資や既存設備投資のリース取引や割賦取引を勘案することが肝要である。

（4）計画実行のポイント

　計画を実行するポイントは、計画で掲げた施策内容についての進捗管理を可能にする仕組みを作ることであると考える。そのため、社内で適切に PDCA サイクルを行うための会議体（経営会議、営業会議、品質改善会議）を設定した。

　この会議体の運営を通じて、既存取引先への交渉状況や新規取引先の開拓状況などを毎月把握し、来月の対策を考える有意義な議論を行うことが計画達成に必要なことと考える。

4．計画の進捗

　現在は計画開始から２年経った。図表に示したとおり、売上高は毎期増加しており、直近では赤字を脱却し、進捗状況は計画以上である。

　当初３年間をかけて支払う予定であった遅延債務も既に解消し、翌期からは前倒しで取引金融機関への返済開始が見込まれている。

　ただし、計画以上の売上高増加により現場の稼働が高くなったため、新規設備投資が必要な局面に来ている。しかし、必要最低限の設備投資しか織り込んでいなかったため、資金捻出に苦労している最中である。

中小企業診断士　安藤　翔

9　生産用機械器具製造業

設備機械器具製造業
〜売上変動が大きくなりがちな
業種特性に配慮した計画を策定〜

1．再生の着眼点

・受注から売上計上までの期間が長く、売上変動が大きくなりがち
　な業種特性に配慮した数値計画を策定
・前金の交渉をするなど資金繰りを意識した事業運営を促す
・受注ごとに仕様が異なり製造リードタイムも長いため生産管理に
　課題がないか注意
・設計業務の課題、改善策についても提示が必要

2．事例企業の概要とフレームワーク

（1）事例企業の概要

　K精機は関西地方に所在し、特殊な表面処理用設備の設計、製造、
販売を行っている。事業拠点は本社1カ所、工場1カ所であり、いず
れも関西地方に所在している。従業員数は26名でうちパートは1名と
なっている。役員は4名である。社長は創業者であり、70歳を超える
年齢であるが、社内に後継者はいない。いわゆるワンマン社長であり、
他の役員や従業員は社長の指示で動いている。
　受注内容は設備が主であるが、設備の保守やメンテナンスの売上も
ある。設備については毎年同じ顧客から受注があるというものではな
いため、顧客の顔ぶれはほぼ毎年変わる。顧客には大企業も多い。製

造するものが設備であり、単価が大きく、製造リードタイムは長いため売上の変動は大きい。ただし、社長が顧客と交渉して前金をもらうようにしていることが多い。

（２）窮境要因

売上が安定せず、近年は受注不足気味であることから経営が厳しい状況となっていた。その一方で社長は第三者からみれば実現性や収益性に疑問がある新規開発に積極的で、そこに資金や人員を投じていた。ワンマン社長であることから経営は勘や感覚で行われることが多く、社内の計数管理は不十分となっていた。

（３）目指す姿

新規開発については、完全に自主開発であるものは財務状況が厳しいうちは控えて、顧客からの引合いに基づいて行うようにし、その場合でも顧客にリスクを負ってもらうようにする。具体的にはテストや試作を行う場合でも、顧客から所要費用を代金としてもらって実施するようにし、自社がリスクを負って無償で行うことは避ける。そして、

■図表　損益計画

（単位：千円）

	−3期	−2期	−1期 （直近期）	0期 （進行期）	1期	2期	3期
売上高	526,587	450,185	551,807	501,422	489,160	767,150	575,900
売上原価	405,850	563,281	408,294	395,013	360,913	573,425	421,474
売上総利益	120,737	▲113,097	143,513	106,408	128,247	193,725	154,426
販売費及び 一般管理費	145,269	135,710	137,895	139,136	151,721	134,941	135,213
営業利益	▲24,533	▲248,806	5,618	▲32,727	▲23,474	58,784	19,213
営業外収益	6,991	5,923	99,783	1,308	1,308	1,308	1,308
営業外費用	14,500	27,997	81,933	14,673	14,354	14,359	13,264
経常利益	▲32,042	▲270,881	23,468	▲46,092	▲36,520	45,734	7,258

営業活動や設計・生産活動に、より多くの資金や労力を割くようにする。

　設備の設計や開発においては設計管理や開発管理の仕組みを導入して、手戻りやミスの防止、効率化を図れる体制を作る。見積時には根拠のあるコストの積算を行って、利益を確保できるようにする。特に固定費の見積案件への配賦を合理的に行えるようにする。その上で、生産管理を体系的に行って、見積工数内で製造完了するようにする。

3．再生計画の策定と提案のポイント

（1）本業支援のポイント

　社長は会社が財務的に厳しい状況にあることはよく認識しており、支援専門家のアドバイスに対しては聞く耳を持っていた。再生計画の策定をきっかけに、これまで勘や我流で属人的に行っていた部分を体系的な仕組みに改めて、効率化を図れるようにアクションプランを設定した。コスト見積や生産管理、設計・開発管理について、なぜそういった仕組みが必要なのかを理詰めで社長に説明し、納得を得た上でアクションプランに盛り込んだ。

（2）金融支援のポイント

　借入金のリスケジュールによる支援を受けた。進行期（計画0期）と計画1期の返済計画は資金繰りの安定化と確保を優先し、フリーキャッシュフローに対して低い水準とした。

（3）計画策定のポイント
①数値計画

　図表は損益計画である。進行期と計画1期は期中に売上計上が見込まれる受注済みや商談中の案件が少ないため売上高は減少見込みとなっ

ているが、計画2期は金額規模の大きい大型案件の売上計上が見込まれるため、大幅に売上高、売上原価ともに増加している。計画3期については進行期時点で予測するのは難しい面もあったが、アクションプランの効果もある程度織り込んで経常黒字を計画した。

②アクションプラン

　営業面ではコスト見積の体系化を実施することとした。変動費についてはすでにある程度できていたので、固定費を見積案件ごとに体系的に見込めるようにすることをポイントとした。

　また製造面では生産計画の策定と生産進捗の実績管理を実施することにした。受注案件ごとにいつ、どういった作業を実施する予定なのかを工場内に明示するようにし、担当作業者以外の者にも分かるようにした。設備製造業では製造リードタイムが長く、受注案件ごとに仕様が異なることも多いため、工場サイドでの工数の見積や管理がコスト見積、生産管理に重要なポイントとなる。

　また、K精機は設計業務を行っているにもかかわらず、設計業務を管理する仕組みはまったくと言ってよいほどなく、設計担当者ごとに属人化した業務となっていた。そこで、設計管理、開発管理を導入し、設計・開発に関しても抜けや漏れがないかをチェックリストや打合せで確認できるようにすることを意図した。これによって製造業務だけでなく設計業務においても体系的な品質管理を可能とし、ノウハウの蓄積による効率化もできる仕組みを整えることにした。

（4）計画実行のポイント

　コスト見積の体系化はスムーズに進み、生産管理についても工場長の頑張りによって何とかできるようになった。しかしながら、設計・開発管理についてはなかなか進まなかった。そこで、支援専門家が経営陣だけでなく、設計担当者にも直接趣旨や仕組みを説明する機会を

設けるなどして推進を後押ししたものの、それでもなかなかうまく実行できなかった。

　社内にアクションプランの意図を理解し、具体的な実行方法を分かっていて推進する人材がいる場合は効果的に改善を進めることができるが、そうでない場合はついつい現状維持、前例踏襲となってしまうことが多いため、経営陣や工場長といったキーマンにアクションプランについて深く納得してもらって、高いモチベーションで実行してもらうことがポイントとなる。

４．計画の進捗

　計画２期の大型案件は紆余曲折があったものの、売上計上はすることができ、利益も上がった。計画３期についても黒字は達成することができた。まだ、正常化を達成できたわけではないが、現状では順調に進捗しているといえる。

　資金繰りについても、再生計画を策定して金融機関に提示した際に、設備製造業の業種特性を説明して、資金繰りの安定化に配慮した数値計画に同意が得られたこともあって、安定化に成功した。資金繰りが安定化したことで、社長も資金繰りに奔走することなく落ち着いて経営にあたることができるようになった。

　しかしながら、設計・開発管理については、活用しようと努力は続けているものの未だにうまく使いこなすことはできておらず、今後の課題となっている。

中小企業診断士　島田　尚往　

電子部品・デバイス・電子回路製造業
～売上管理から受注管理に着眼し黒字化が実現～

1．再生の着眼点

・受注から納品までのリードタイムが1年を超える場合もあるため、売上高の管理のみならず受注管理が重要である。
・受注するためには受注に至る段階があるため、各ステップにおける受注管理が必要である。
・電子材料は高価なものが多いため、在庫管理が重要である。

2．事例企業の概要とフレームワーク

（1）事例企業の概要

　A社は中小企業の町、東大阪市に本社・工場を置く製造業である。技術力を武器に電子部品の組立・製造・販売を営んでおり、1975年に会社を設立して以来、順調に業容を拡大してきた。第27期（2001年3月期）には売上高27億円、営業利益6千万円を誇るまで成長した。しかし、その後のITバブルの崩壊、リーマンショック等の影響で売上高の低下が続き、業績は悪化した。それまで成功体験が続いていたため危機意識が薄れ、経営改革が遅れ、収益性の低下、財務体質の悪化が続いてきた。その結果、第41期（2015年3月期）では、売上高は10.5億円（ピーク時の約40％）にまで低下し、3期連続で営業赤字を計上するに至った。

■図表1　電子部品・デバイス・電子回路製造業のリードタイム例

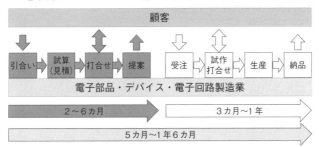

さらに、有利子負債は年商に迫るまで（2015年3月末現在、10.2億円）増加し、資金繰りに窮するなど、財務状態が窮境の状況に陥ってしまった。

（2）窮境要因

事業調査や事業分析の結果、A社がこのような窮境状態になってしまった要因は、以下の3点に集約することができた。一言でいえば、「技術力が生かされていない」状況であった。

・戦略性のない営業活動による競争力・収益力の低下
・改善の遅れによる材料費を中心にした高コスト体質
・経営方針の不徹底と組織的で迅速な意思決定に欠ける内部管理体制の不備

（3）目指す姿

当社の強みである"技術力"を最大限に活かすためには、事業構造の基盤であるコスト構造を改善した上で事業展開を行うことが必要であった。さらに、事業展開の基礎となる意思決定の仕組みや責任体制の明確化、会議システムの変更、管理会計システムの見直し、業務の定型化等の内部管理体制を再構築することを目指した。

（１）本業支援のポイント

①不採算事業の抜本的な対策

A社において事業構造を改革するためには売上総利益率の低い「標準品E〜H製品」（図表２参照）の抜本的な対策が必要であり、撤退も選択肢の１つに入れることになった。

そこで、製品別の採算性を見直し、売上総利益率の基準を設け、基準に達しない不採算製品は価格交渉、値上げ交渉をすることとした。交渉の結果、基準に達しない製品は受注しないことも確認した。

②間接費用（キャッシュアウト）の削減

不採算製品の削減に見合った固定費にするために本社・間接部門費

■図表２　A社の製品別ポジション

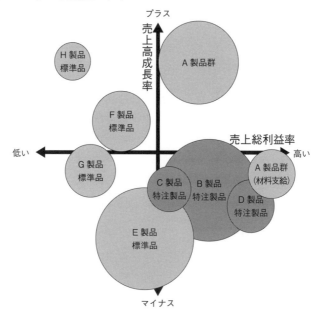

用（キャッシュアウト）の削減を図ることとした。具体的には、人件費、旅費交通費、地代家賃、通信費、支払利息などを洗い出し、費用の削減に努めることとした。

③先行的営業行動管理の実施

これまでの売上高の管理から脱却し、製品のターゲット層を明確にして、「技術力」を前面に出した顧客層の拡大を図ることを目指した。営業活動は6カ月先の受注に焦点を絞った活動を行うとともに、そのための先行的な営業行動管理を実施することとした。

④経営方針に基づく内部管理体制の見直し

経営方針を明確にし、経営方針に沿った事業活動に徹することを明確にし、組織的な意思決定ができるように企業ガバナンスを改善することとした。合わせて、会議の進め方を見直し、真に情報の共有化、意思決定のできる仕組みに変更することとした。

（2）金融支援のポイント

上記の再生計画を実践することを前提に、1年間の返済猶予を依頼した。金利は約定どおり支払い、1年後の返済計画を策定した。

（3）計画策定のポイント

事業調査の結果、再生計画の期間は4年間とした（2016年3月期〜2019年3月期）。2016年3月期（計画1年目）に経常黒字化を、4年後（2019年3月期）には、営業利益約40百万円（売上高営業利益率3.5％）、経常利益約24百万円（売上高経常利益率1.8％）の計画を策定した。

（4）計画実行のポイント

改善計画の実現のために、改善計画である会議制度の見直しを行い、意思決定のルールを策定した。

■図表3　A社の営業プロセス管理

営業プロセス						
①引合い	②提案	③見積	④受注	⑤生産	⑥納品	⑦売上高

　その上で、役員報酬等の固定費削減を行うとともに、仕入先との折衝を強化し材料費の引下げを行った。同時に資金の固定化を防ぐために在庫管理を徹底し、在庫の最小化を目指すことになった。

　さらに、営業の重点を"受注"に焦点を当て、そのための行動を管理することにした（図表3参照）。受注のための行動を、①引合い、②提案、③見積、④受注の4つのステップに分け、各ステップにおける行動を管理していった。当初は戸惑う営業マンもいたが、根気強く説明し、営業担当者の意識と行動を変革させていった。

　さらに、受注後の⑤生産から⑥納品、⑦売上高計上までを営業担当者も管理し、生産部門と連携して納品の管理を行うようになった。

4．計画の進捗

　これまで営業赤字が続いていたが、営業体制を整備し、待ちの営業から受注先行型の営業活動に転換した。その結果、受注が増加し、黒字転換した。計画1年目から改善計画以上の経常利益をあげることができ、返済も計画どおり実施することができるようになった。

　現在では、資金面での懸念がなくなったため、将来に向けた設備投資も行っており、技術力の強化を図ることで、付加価値の向上に励んでいる。

中小企業診断士　内藤　秀治

第6章

建設業

道路舗装業
〜採算管理手法の導入及び PDCA サイクルの確立に着眼し、抜本的な再生を実現〜

1．再生の着眼点

・適切な受注体制の構築
・重要業績管理指標（KPI）の設定
・予実差異の把握及び適切な PDCA サイクルの確立

2．事例企業の概要とフレームワーク

（1）事例企業の概要

　兵庫県に本社を構えるW社は建設業を営んでおり、主に道路舗装工事業、土木・外構工事業を行っている。創業社長が30代で設立した若い企業であり、創業後10年程度が経っていた。当社の従業員は9名であり、事務員2名を除き、7名は現場作業者として従事している。

　主要取引先は地場中堅建設業であり、年間で約200件の道路舗装の施工を行い、安定的な受注を続けていた。施工管理自体は取引先が行い、当社は施工のみを行う完全な下請け企業であった。

　当社の受注はほとんどが民間工事であり、商業施設・工場と集合住宅の舗装割合は70％：30％であり、新設舗装工事と修繕舗装工事の割合は40％：60％であった。

　近年、当社は土木・外構工事にも手を出し、さらなる事業領域拡大を狙った。しかし、結果的に赤字工事受注が多く、当社の業績は悪化

■図表1　数値計画予実対比

（単位：百万円）

項目	n-1期	n 期		n+1期	
	実績	計画1期	実績	計画2期	実績
売上高	297	246	254	223	259
営業利益	▲47	▲4	8	10	45
当期利益	▲47	▲10	6	8	44
金融機関債務残高	51	44	44	44	44
差引要償還債務残高	49	43	37	43	0
キャッシュフロー倍率	—	—	3.2	3.6	0.0
純資産額（帳簿）	▲49	▲59	▲43	▲51	1
純資産額（実態：中小企業特性考慮後）	▲59	▲64	▲51	▲56	▲6
実態債務超過解消年数	—	—	8.2	7.0	0.1

していった（図表1参照）。

（2）窮境要因

　窮境の状況は業績悪化、それに伴う資金繰りの悪化、実態債務超過や過剰債務などであった。事業調査を行う中で、このような窮境の状況を引き起こした窮境要因を以下のように特定した。

①値決めの不在

　適正な受注プロセスや原価管理体制が社内でなかったため、適切な値決めを行っておらず、低採算取引を甘受していた。

②営業戦略の失敗

　利幅の低い取引先や信用不安のある取引先が多く、場当たり的な営業活動を行っていた。

③ガバナンスの不在

　会議体がなく重要業績管理指標（KPI）の設定を行っておらず、会

社運営ができていなかった。

（3）目指す姿

　社長は窮境要因を省みて、会社を立て直すためにビジョンの見直しを行った。W社の目指す姿として、「道路舗装工事を基盤とし、発注先からの信頼を得ることを心掛け、健全な採算管理、現場管理、営業活動を行い、適切な利益の追求を目指す」とし、経営会議の場で社長から従業員に伝えた。

3．再生計画の策定と提案のポイント

（1）本業支援のポイント

　本業支援のポイントは以下の4点である。

①適切な受注体制の構築

　属人的で不透明な受注構造により、取引先からの指値発注や施工後の値決めが横行しており、赤字受注が多いことが分かった。そのため、適切な受注フローを役員・従業員全員で検討・作成し、値決めを担当者任せにしない体制にした。また、厳格な見積書・実行予算書を作成し、既存取引先との「値決め」の是正に繋げた。結果として、元請と施工前に適正な価格交渉を行い、値上げに繋げたり、金額の折り合いがつかない仕事に関しては謝絶するなどの対応を行った。

②重要業績管理指標（KPI）の設定

　W社は場当たり的な経営を行っていたため、KPI（重要業績管理指標）が未設定であり、どのように経営のかじ取りをすればよいかが分かっていなかった。そのため、KPIマネジメントを導入した。

　当社のKPI（図表2）は、

　　・売上高から直接原価を控除した限界利益額・率

■図表2　変動損益のイメージと重要業績管理指標（KPI）

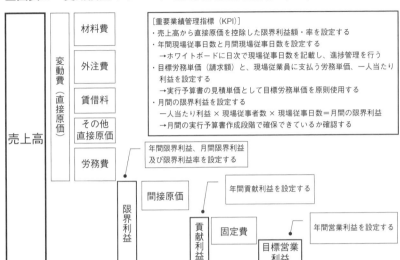

　・年間現場従事日数、月間現場従事日数

　・目標労務単価（請求額）と、現場従業員に支払う労務単価

と定め、ホワイトボードに日次で現場従事日数を記載し、進捗管理を行った。また、実行予算書の見積単価として目標労務単価を原則使用することで、見積書のバラつきを是正した。

③予実差異の把握及び適切なPDCAサイクルの確立

　工事施工後には、必ず工事台帳を作成するルールを作った。その上で工事台帳と実行予算書との予実差異を社長、現場担当者、経理担当者で検証・反省した。このように取引先別・工事別採算を算出し、利益率の良い取引先・工事や悪い取引先・工事を把握し、要因分析を行うことで、次回以降の受注判断や現場作業の改善に活かした。特に、土木・外構工事のほとんどは赤字工事であったため、次回以降の受注は謝絶した。

④経理の適正化と冗費抑制

当社の経理処理は、税込会計、現金主義であり期間損益が不明瞭であった。そのため、税抜会計、発生主義に変更した。これにより、期間損益が適正となり、工事台帳と月次損益を連動させることが可能となった。

もちろん、役員報酬水準や不透明であった冗費（無駄な出費）の見直しも行い、余計な社外流出を防止した。

（２）金融支援のポイント

当社は赤字取引の削減を行い、収益改善を行う必要期間を２年間と定め、その間の金融支援として取引金融機関に対して約定返済の停止を依頼した。

一方で、大規模工事などの受注により、増加運転資金が必要になる場合には、メインバンクであるＡ銀行に対して、既存債権とは別枠の優先債権として追加融資の検討依頼も行った。

（３）計画策定のポイント

以下のポイントを押さえながら、蓋然性・納得感の高い計画を策定した。

売上高計画については、必ず取引先別に策定し、工事受注時期、工期、引渡しなどのリードタイムを考慮しながら策定した。現在の主要取引先のみに依存した売上高計画ではなく、取引途絶先に対する営業再開及び新規取引先の開拓目標などを織り込み、受注構造を意識的に変えていくような計画にした。

また、受注量（売上高）のみを追い求めず、確実に利益が残る取引先の工事受注に注力し、赤字工事・低採算工事の受注は行わない方針とした。さらに、単なる数値目標を設定するだけでなく、注力する取

引先については、取引先ごとにどのような方針で受注獲得するかを営業方針として纏めた。

粗利額・率の設定は、変動損益による限界利益・率の目標設定とKPI の設定を行い算出した（図表2参照）。これにより、限界利益率目標、年間現場従事日数目標、労務単価目標、月間の限界利益目標を設定し、今後のモニタリングや進捗管理を可能にした。

また、人員計画については1人ひとりの積上げで作成し、今後のベースアップや賞与支給などを織り込んだ。建設業において人材確保は重要課題であり、社員が辞めない体制作りは必須だと考えたためである。

貸借対照表計画のうち、運転資金については緻密な計算が求められる。建設業においては売掛金に該当する完成工事未収入金や在庫・仕掛品に該当する未成工事支出金、買掛金などに該当する工事未払金や前受金などに該当する未成工事受入金など特有の勘定科目が存在する。月々や年度末でこれら勘定科目がどのような動きをするのかを取引先別売上計画をベースに算定する必要がある。

キャッシュフロー計画においては、営業キャッシュフローの算定に加え、投資キャッシュフローの精査が求められる。建設業ではリース取引や割賦取引が多いため、投資キャッシュフローの動きが大きい。営業キャッシュフローはプラスであるにも拘わらず、投資キャッシュフローが大幅なマイナスであるため資金に困窮するケースが多く、留意が必要である。

（4）計画実行のポイント

計画を実行するポイントは、計画で掲げた施策内容についての進捗管理を可能にする仕組みを作ることであると考える。そのため、社内で適切に PDCA サイクルを行うための会議体（経営会議、値決め会議、工程会議等）を設定した。

この会議体の運営を通じて、試算表の早期確認、取引先別売上高や工事台帳・KPIを毎月確認しつつ、先月の振り返りを行い、来月の対策を考える有意義な議論を行うことが計画達成に必要なことと考える。

4．計画の進捗

現在は計画開始から2年経った。図表1にあるとおり、売上高は概ね横ばいも売上総利益率の向上により堅調な利益改善を果たし、進捗状況は計画以上である。

毎月の経営会議も当初から比較するとスムーズに進めることができ、論点も絞られてきた。金融機関との関係は引き続き良好であり、毎月の試算表提出及び半期ごとのモニタリング報告も大きな問題は発生していない。

金融機関からのリスケ債権も減少している現状を踏まえ、通常取引に切り替えるためにA銀行と相談を進めている最中である。

中小企業診断士　安藤　翔

2　総合工事業

総合建設業
～個別案件の採算管理と進捗・品質管理により
再生を目指す～

1．再生の着眼点

・まずは、経営者自らが主体的に、現場を直接・間接的に管理してい**るかどうかが根本的な着眼点**となる。

・その上で下記のような仕組みが作られ、習慣化されていることが重要となる。

　イ．工事受注見積書（以下、見積書）は、個別工事現場（以下、現場）ごとの採算確保を"確認できる仕組み"であるか

　ロ．現場ごとに進捗管理がされ、計画比の遅れを"確認できる仕組み"であるか

　ハ．安全や労務管理を優先する"意識作り"と、シフト管理を"調整しやすい仕組み"であるか

　ニ．工事やり直し（手戻り）がないような、"品質チェックの仕組み"はあるか

2．事例企業の概要とフレームワーク

　建設業界では、コロナ禍で低迷していた民間投資としての再開発案件や物流・データセンター工事等とともに、道路等の国土強靭化関連・防災減災関連工事などに受注が移行しつつある。

　工事件数が減少している中で、大手までが中小型工事に群がるよう

になり、受注競争は激しく採算はますます悪化する傾向にある。

　また、慢性的な職人等の人手不足とともに、原油高騰による建設資材の高騰や資材調達遅延により利益が圧迫される状況が続いている。

　さらに、国内の建設業界の構造は、未だに4〜5重もの多層下請け中小・零細事業者が工事を担う構造であり、大手の採算悪化は下請け業者にも厳しい採算を求めるようになっている。

　加えて、DX（デジタルトランスフォーメーション）が進む大手に比べ、中小・零細事業者は、まだまだアナログ的な作業・管理体制が残っており、非効率性が改善されず、大手との格差が拡大している状況である。

（1）事例企業の概要

　A社は兵庫県に本社をおき、マンション建築・リフォーム改修を行う総合建設業者で、従業員25名程度、資本金10百万円の企業である。

　デベロッパーからの直接工事受注も増えてきたが、大手ゼネコンの下請けや、官公庁等からの工事受注が主なものである。

　A社の強みは、顧客依頼に対する「対応の速さ」と、「仕事の丁寧さ」にある。優秀な熟練した現場監督が複数揃っており、顧客の評価を受けているが、反面この現場監督らにより、採算管理の改善が進まない側面もあった。

（2）窮境要因

　A社の窮境要因は次のとおりである。

①受注

　工事受注獲得を優先して、採算を度外視した見積書を営業主導で作成していたため、受注当初から赤字見込み現場も多くあったこと。

②工事期間

　工事進捗管理が不十分であり、資材の搬入時期と該当工事の期ズレ

の連係ミス等により工事期間が延び、残業や無理な人員配置での対応
により、人件費等の経費悪化と安全管理のリスクが増加したこと。

③品質検査

　進捗管理や品質チェック体制が不十分のため、工事手直し（手戻り）
が頻発し、コストを意識しない手直し工事により経費が増加したこと。

④経営者の姿勢

　経営者は積極的に現場を見には行っていたが、熟練の現場監督らに
任せっきりで、改善が主導できなかったこと。

（3）目指す姿

　支援において経営者と定めた、中長期的な「目指す姿」は、

① 　社長も含めて、役割の明確化と権限範囲の限定を行い、工事の進
　　捗や経費の予実管理を"見える化"する。

② 　日々の業務でも実現可能な業務改善の仕組みを作り、その実行を
　　継続するための"習慣化"を目指す。継続できない場合には、見直す。

③ 　経営者が、自分の理念や方針を文字にして明示し、自分が目指し
　　たい志や方向性を従業員や外部委託業者に、常に語り掛け続ける。

ことであった。

3．再生計画の策定と提案のポイント

（1）本業支援のポイント

　短期的に数値目標を示した改善策【第1弾】（詳細は、後段（3）
②）の実現を図るために、中長期的に目指す姿の具体案を掲げた改善
策【第2弾】は、以下のとおりであった。

①見える化【具体的な事例】

　「予算と実績」、「資材の調達」、「人員配置」、「品質チェック」を"見

える化"することにより、進捗管理の仕組み作りをした。具体的には、組織図を作成して権限と責任を文字に落とし込み、全ての業務の流れに即して管理データの登録入力者を定め、関係者で情報共有化するためにデータを見る癖を付けさせることで、次に自分がやるべきことを明確化した。

イ．見積書の作成

〈営業部Aが主導〉

　営業部Aは、顧客から問合せを受けた時点で「㋑管理元帳（受注管理）」に登録し、管理部Bへ【見積書＋工程表】の作成依頼をする。依頼を受けた管理部Bは、過去から集積した「㋑管理元帳」や「㋺顧客管理」のデータを基に、採算を確保できる【見積書＋工程表】を作成し、「㋩見積管理」、「㋥工程管理」に登録し、営業部Aへ回付する。営業部Aと社長とで、戦略的判断を行い、【見積書＋工程表】を顧客に提示する。

　見積提出後のフォローは、営業部Aが行い、途上での受注確度や、受注と失注の結果データを「㋩見積管理」に登録する。失注の理由や原因も記載する。営業部Aは、「㋺顧客管理」のデータで顧客別採算を管理する。

　受注が確定した案件は、営業部Aは「㋑管理元帳」に管理発番して、管理部Bへ移管する。

ロ．資材外注の調達や手配

〈管理部Bが主導〉

　管理部Bは、「㋩見積管理」で受注確度を確認しながら、建設資材や、外注先（下請先）へ作業員の調達等の必要な手はずの調整を始め、費用の管理は「㋩見積管理」に、建設資材や作業員の調達時期や数・内容は「㋥工程管理」に登録する。価格が変動する資材の調達もこの段階で"条件付き"確保を図り、資材原価の高騰による赤字とならな

いようにする。

ハ．工事の進捗管理と、人員配置やシフト管理

〈工事部Ｃが主導〉

　工事部Ｃも、「㈥見積管理」で受注確度を確認し、「㈢工程管理」で建設資材や作業員調達状況を確認する。その上で、受注が確定した段階で工事準備に着手できるように、無料で関係者が共有できるスケジュール管理ソフトで「㈤配置管理（作業員や資材配達の配置）」をする。誰がどの現場に入るか、そこでどの仕事を何時まで行うか、どの資材はどの現場にいつ搬入するか等の予定と実績を入力して共有化する。進捗の変更調整も行う。

　工事中には、「㈢工程管理」、「㈤配置管理」を活用し、毎朝現場での朝礼で、資材の搬入や外注下請工事業者との協働作業等の再確認も行う。

ニ．品質チェック

　工事部Ｃは、各工事工程の"節目ごと"に自主中間検査を「㈦品質チェックシート」を使って行い、最終の検査で工事作業のやり直しや手直しを行うことがないように品質維持を目指す。「㈦品質チェックシート」も、共有フォルダで、「㈢工程管理」とともに共有し"見える化"した。

②業務改善の継続

　日々の業務でも実現可能な業務改善の仕組みを作り、その実行を継続するための"習慣化"を目指す。継続できない場合には、見直す。実例としては、当初は管理する台帳がもっと多く、手間がかかると反対されたため、台帳を集約しかつ入力項目を簡便化した。

　また、社長は毎月定例的に、「㈠管理元帳」、「㈡顧客管理」、「㈥見積管理」、「㈢工程管理」、「㈤配置管理」、「㈦品質チェックシート」を確認し、進捗漏れはないか、安全管理は守られているか、品質管理は

機能しているか、工事の遅れや事故、工事の不備について十分に検証した。

③経営者の「発信」

　経営者が、自分の理念や方針を文字にして明示し、自分が目指したい志や方向性を従業員や外部委託業者に、常に語り掛け続けてもらうようにした。具体策は次のとおりである。

イ．経営理念

　先代が常日頃から従業員に言い続けていた「和」という言葉を使い、現社長の言葉で経営理念を定め、明文化して従業員に発表し、職場に掲げた。

ロ．定例会議

　社長や従業員はかなり反対したが、毎月の月初の朝に、全員集合して定例会議を行った。社長からは「業績や会社の置かれた現状」や「今月の行動指針」を皆に伝え、従業員からは交替で今月の目標を皆の前で発表した。業務改善提案や、成功事例、顧客苦情等、皆の意識改革に繋がるように運営し、1時間以内で行った。

ハ．外部委託業者

　外部委託業者とは、現場での朝礼を活用して、現場監督から社長の方針や今月の方針を伝える。また、現場管理者から外部委託業者に、些細な改善等でも「感謝カード」として皆の前で贈呈し、感謝の意を伝えることで、互いの信頼関係をより深くした。

（2）金融支援のポイント

　A社の強みは、顧客に評価される「スピード」と「丁寧な仕事」という提供価値であった。支援金融機関として、この強みを生かして早期に売上や利益でその効果を数字で示せるものとなるかを見極める必要があった。

　そのために、早期に改善を示せる【第1弾】と、中長期的に効果が表れる【第2弾】（前述の中長期的改善策）に分けて各金融機関へ提出し、その経過を逐次報告した。【第1弾】での効果が表れたことをもって、より多くの金融機関の支援を得られるようになった。また、何よりもＡ社自身の自信にもなった。

（3）計画策定のポイント
①計画の全体像
　過去の業績推移では、売上が徐々に減少し、それ以上に売上総利益率が減少してきていた。一方で、人件費や下請外注費は、職人不足や資材の高騰を受けて原価削減は進まず、営業利益はほぼ「0」までになった。

　Ａ社は公共工事を受注するためにも、経営事項審査（建設業者の経営に関する事項の審査等）を受けており、営業赤字にしないように販売費及び一般管理費での役員報酬等で調整を行っていた。

　今後の計画（短期的改善策）として計画1年目では、売上は減少しても、現場ごとの採算を改善させることで、売上総利益率を改善させ、また販管費の改善にも踏み込むことで営業利益を確保する。計画2年

■図表　Ａ社の再生における実績・計画推移

（単位：百万円）

	実績 2期前	実績 1期前	実績見込	計画1期	計画2期
売上高	800	750	600	500	700
売上総利益	100	80	60	100	150
売上高総利益率	13%	11%	10%	20%	21%
販売費及び一般管理費	90	80	60	70	120
営業利益	10	0	0	30	30
営業利益率	1%	0%	0%	6%	4%

目では、現場ごとの採算改善をより進めるとともに、社内体制を改善させる【第2弾】（前述）の改善策が効果をあげ、かつ、強みをアピールして既存顧客を中心に新規顧客獲得とで売上増加回復と、現場ごとの採算改善をより進めていく計画とした。

②計画1年目の具体的施策

短期的改善策【第1弾】の改善策の具体的内容は次のとおりである。

イ．現場ごとの採算状況や今後の見通しの把握

採算を把握する指標としては、

現場売上－資材等原価－現場人件費（時間単価×延べ人員）－外注費

を確認して、リスト化を行った。現実は、赤字現場は数件だけであった。

ロ．赤字縮小策の実行

赤字額の多い現場から優先して、赤字縮小策を策定して実行した。

赤字縮小策としては、

・工事期間の短縮への工夫

・工事発注先へ、実態を説明した上で値上げ交渉

・下請工事業者への値下げ交渉

であった。

（4）計画実行のポイント

上記の短期的改善策【第1弾】の改善策を実行しようとする経営者の言動によって、従業員に対して将来の「目指す姿」を明確に示して理解を求めることとなった。

その結果、中長期的改善策【第2弾】にまとめた会社の管理体制の改善や仕組みの習慣化について、従業員の理解が得られ、改善への推進力が増したものとなった。

4．計画の進捗

　現場の採算を確認した結果、赤字現場は当社の想定より少なく、数件にとどまっていた。しかし、この取組みにおいて経営者自身が主導的に採算改善に向けて活動を行ったことにより、当初は反対勢力であった熟練した現場監督の管理者達が、次第に一番の協力者となり、管理体制の改善が大きく進み、かつ、習慣化にまで至った。

　また当初は、まずエクセルファイルをプリントアウトして、次に紙に手書きで管理し、さらにそれを改めて入力するなど、二度手間三度手間をかけていたが、次第にパソコンでの入力や画面確認に慣れてきた。

　加えて、若手従業員の提案で、さらなる無料アプリを活用することとなり、現在ではタブレットを携帯してアプリでスケジュール管理や進捗管理まで行っているようになった。

　結果、当初計画より経営改善は進み、売上や営業利益は、当初の計画2年目より1.5倍程度上積みされた実績となった。

　改善への経営者の熱意と行動が、皆に伝わり習慣化にまでなった事例となった。

中小企業診断士　山極　基隆

◆執筆者略歴

安藤 翔（あんどう　しょう）
神戸大学国際協力研究科修了。政府系金融機関、東証プライム市場上場の大手コンサルティング・ファームにおいて中小企業支援に従事後、安藤経営コンサルティング株式会社を設立。15年にわたるコンサルティング経験を有し、事業再生経験は累計で120件以上。主に中小企業を対象に、徹底的な「ファクトベース」でビジネスモデル変革と財務改善を支援することで知られるコンサルタント。

石井 誠宏（いしい　あきひろ）
大阪府立北野高校、大阪市立大学商学部卒業。コンビニ、ITソフトベンダー、コールセンターでの勤務を経て、中小企業診断士資格取得後の2013年に独立開業。現在の中心業務は再生支援、事業承継支援、IT活用支援、商店街活性化支援であり、再生案件にはこれまでに延べ70件に関与している。幅広い業種に対応しており、得意な支援は営業活動、資金繰り管理などの手法を具体的に見直し、改善すること。大阪府中小企業診断協会理事。

大槻 哲也（おおつき　てつや）
中小企業診断士。経営サポーター。1989年、21歳の時に居酒屋店を起業。11年間で3店舗出店するも3店目の経営に行き詰まり廃業。その後2001年10月に当時、焼肉や釜飯居酒屋を全国でFC展開していた外食企業に入社。店長からスタートしSVや業態部長、新業態開発を担当し2009年に社長就任。2011年に中食FCに転じ経営企画やマーケティング、営業本部業務を担当し2019年に社長就任。2022年4月より現職。

岡崎 永実子（おかざき　えみこ）
立命館大学大学院テクノロジー・マネジメント研究科修了。2008年中小企業診断士登録。約20年建設会社でエンジニアとして勤務した後、コンサルタントとして独立。製造業や建設業など技術系の企業を中心に中小企業の事業再生、経営改善の支援に取り組んでいる。企業の課題を深く掘り下げ、経営体質の改善に繋がるよう心掛けている。また、建設会社での食品工場構築の経験を生かし、食の安全マネジメントの支援も行っている。

岡本 隆（おかもと　たかし）
Ｋ＆Ｍパートナーズ株式会社代表取締役。中小企業診断士。32年間勤めた自動車メーカーを早期退社後、経営コンサルタントとして活動。前職での原価管理、部品調達、海外生産企画などの業務経験を活かし、製造業を中心に経営支援を行っている。特に「原価の見える化」を称して、原価管理を通して中小企業の原価改善・経営改善を得意としている。2016年に認定支援機関として現法人を設立後、経営改善計画、経営革新計画などの策定支援や経営セミナーも多く手掛けている。

岸野 正（きしの　ただし）
2007年司法試験合格。2008年12月より大阪弁護士会に登録し、弁護士法人三宅法律事務所にて約11年中小企業企業法務に従事し、その間、2014年に中小企業診断士登録。2015年10月より約３年間株式会社地域経済活性化支援機構へ出向して事業再生に特化した経験を積み、2019年４月に弁護士法人ビズキャット法律事務所を開設。事業再生を含む中小企業法務を主体とした業務を行っている。

小泉 壽宏（こいずみ　としひろ）
株式会社JTBにて18年勤務し、営業、経営管理、営業企画及び提携販売店支援など幅広い分野で活躍。その後旅館支配人、飲食店店長の実務経験を経て、観光・サービス業の総合的な経営支援を行う株式会社KBS創研を2004年に開業。観光業界に特化し、自らの経験を活かしたコンサルティングを行い、経営者の抱える問題から現場最前線スタッフの悩みまでサポートしている。中小企業診断士、総合旅行業務取扱管理者、京都大学大学院経営管理教育部経営管理課程修了（経営学修士）。

佐々木 千博（ささき　ちひろ）
2000年京都工芸繊維大学大学院修士課程を修了。同年、大日本印刷株式会社に入社。顧客企業の売上拡大や業務効率化の企画・開発に従事。また新規事業開発、社内人材育成、大学でのキャリア教育にも関与。2015年、企業の三方未来よし経営によるビジョン達成支援を行う株式会社佐々木感動マーケティング設立。支援先は、上場企業から中小企業まで、再生企業から超優良中小企業まで幅広い。理念浸透・組織・人材開発と、マーケティングによる売上拡大を支援。中小企業診断士、キャリアコンサルタント。

島田 尚往（しまだ　なおゆき）

大阪大学にて電子工学を専攻し楠本賞を受賞。大阪大学大学院在学時は2カ月間のスウェーデン、チャルマース工科大学での共同研究を含め、半導体レーザの研究に従事。2003年、博士課程を修了し博士（工学）の学位を取得。同年、三菱電機株式会社に入社。製品開発に関わる様々な実務に携わる。企業経営に興味を持ち、2008年、中小企業診断士試験に合格。2013年に退職し技術・経営コンサルタントとして独立開業。主に製造業を対象に支援業務を行う。2016年、株式会社あかしべを設立。

谷口 純平（たにぐち　じゅんぺい）

株式会社JTBやリゾートホテル、株式会社リクルートなどを経て2017年に株式会社アンデルンゼを設立。旅行業とホテル業での現場経験を活かし、前職時代から関わってきた「観光・サービス業」の"再生領域"に特化したコンサルティング活動を実施。具体的で実現可能性の高い事業計画の策定支援を強みに、計画策定後の経営改善指導も実施しており、事業者の自力再生を継続的に支援し、出口に導くことを得意としている。

津田 敏夫（つだ　としお）

1985年早稲田大学政経学部卒。同年富士銀行（現みずほ銀行）入行。各支店、融資部などを経て、1999年整理回収機構に転職。当時の活動は清武英利氏の著作「トッカイ」のモデルとなり、テレビドラマ化された。2002年株式会社ジーケーパートナーズ設立。各地の再生支援協議会の支援専門家を務める。2019年NHKスペシャル「大廃業時代」に出演。大阪府中小企業診断協会副理事長。関西学院大学経営戦略研究科非常勤講師。

内藤 秀治（ないとう　しゅうじ）

岡山県生まれ。1987年に大学卒業後、電気メーカーに勤務。1989年株式会社タナベ経営入社。経営コンサルタント業務を開始。1995年株式会社クリエイティブ・マネジメント・コンサルティングの設立に参画し、同社取締役チーフコンサルタントに就任。2004年内藤経営研究所（現、株式会社ナイトウ経営）を創業。代表に就任。現在に至る。

橋本 博（はしもと　ひろし）

1971年山口大学経済学部卒業、同年松下電器産業株式会社（現パナソニック株式会社）入社。2008年同社を定年退職後、2009年H＆H中小企業診断士事務所を開設し、中小企業診断士として独立開業。2009年度の中小企業経営診断シンポジウムでの発表論文にて中小企業診断協会会長賞を受賞。2010年から4年間、大阪成蹊大学マネジメント学部非常勤講師（簿記担当）。専門分野は経営改善計画策定、財務会計、管理会計、原価管理、生産管理、業務改善、事業承継。

橋本 佳士（はしもと　よしひと）

帝人株式会社を経て1998年に朝日アーサーアンダーセン株式会社に入社。その後2007年にあずさ監査法人に入所し、2008年にアソシエイトパートナーに就任。コンサルティング・ファームや監査法人での約12年間を通じて、日本の中小企業、一部上場企業及び外資系企業とのプロジェクトにおいて、中期経営計画立案、経営管理制度構築及び基幹システム導入等に従事。2010年に独立し、中小企業の再生や社会人教育にも取り組んでいる。

原 伸行（はら　のぶゆき）

同志社大学商学部卒業後大手外食産業に勤務。その後自身で小規模飲食店を約20年間経営。2008年中小企業診断士資格取得と同時に診断士として独立。自身で飲食店を経営していた経験を基に、数多くの飲食店のコンサルティングや再生案件を経験している。大阪中小企業診断士会理事・事業推進部長。

福田 侑摩（ふくだ　ゆうま）

中小企業診断士、介護支援専門員（ケアマネージャー）、柔道整復師。自身の資格・経歴を生かし、主に医療・介護福祉・代替医療の事業再生／経営改善支援を中心とした経営支援を行っている。また、高齢者雇用促進・高齢者活用支援、健康経営を活用した企業の生産性の向上など、高齢化社会に対応した企業づくりを通じての企業活性化支援にも注力している。

藤原 正幸（ふじはら　まさゆき）

大学卒業後、産業機械メーカーの経営企画部にて全社予算の策定・月次進捗管理、それに伴う課題の抽出、本社工場移転建設・基幹系システム導入等のプロジェクトに携わる。現在は支援機関にて事業者の伴走型支援に従事。2010年中小企業診断士登録。大阪府中小企業診断協会知的資産経営研究会所属。知的資産経営によるマネジメント手法をベースに、ローカルベンチマーク、経営デザインシートの活用、知的資産経営報告書の作成支援に取り組んでいる。

細谷 弘樹（ほそたに　ひろき）

大阪市出身。1987年近畿大学商経学部商学科卒業。食品メーカー、自動車メーカー、コンサルティング会社勤務を経て1999年に独立し、現在に至る。経営コンサルタント、中小企業診断士として中小企業の経営支援に携わる。勤務時代の営業経験やコンサルティング経験を基に、中小企業の活性化のための経営計画策定をはじめ、計画実行のための伴走支援などを行っている。「今まで、数多くのコンサルタントとお付き合いしてきたけど、先生が一番"阿呆（あほ）"やな」と企業経営者から言われて契約を頂けたことが最高の褒め言葉だと思っている。

松尾 光真（まつお　みつまさ）

2010年京都大学法学部卒業、同年京都銀行入行。法人・個人営業、調査業務、営業推進業務等を経験。その後、株式会社アタックス、株式会社髙松コンストラクショングループを経て、2020年株式会社ジーケーパートナーズ入社（現職）。

三宅 真司（みやけ　しんじ）

株式会社3plus 代表取締役。中小企業診断士。一般社団法人中小企業診断士会理事。大手家電メーカー退職後独立・開業し、企業のIT活用支援と業務効率化を中心に活躍している。分かりやすいセミナーにも定評があり、開業・創業支援も得意としている。音楽大学出身の経営コンサルタントという珍しい経歴を持ち、現在も音楽イベントの企画・運営などの活動を続けている。

山極 基隆（やまぎわ　もとお）

中小企業診断士。宅地建物取引士。1級ファイナンシャル・プランニング技能士。1985年大阪大学卒業、同年信託銀行入社。難波支店にて企業再生・債権回収業務を約4年間、神戸支店にて事業法人向け事業再生業務を約3年間従事。2019年中小企業診断士登録とともに、退職し独立起業。現在は、中小企業基盤整備機構「販路開拓アドバイザー」、大阪商工会議所「親族内事業承継専門家」、神戸市産業振興財団「M＆Aマッチングアドバイザー」等として活躍中。

（敬称略・50音順）

中小・小規模企業の再生事例集 〈検印省略〉

2022年5月31日　初版発行
1刷　2022年5月31日

編 著 者	一般社団法人 大阪府中小企業診断協会
発 行 者	星　野　広　友
発 行 所	株式会社銀行研修社

東京都豊島区北大塚3丁目10番5号
電話　東京03(3949)4101（代表）
振替　00120-4-8604番
郵便番号　170-8460

印刷・製本／新灯印刷株式会社
落丁・乱丁本はおとりかえ致します。ISBN978-4-7657-4671-7　C2033
2022ⓒ銀行研修社　Printed in Japan　無断複写複製を禁じます。
　　　　　　★ 定価はカバーに表示してあります。